點燃紅燭第九支

芯　心　著

文　學　叢　刊
文史哲出版社印行

國家圖書館出版品預行編目資料

點燃紅燭第九支/ 芯心著. --初版-- 臺北市：
文史哲, 民 101.03
頁; 公分（文學叢刊；267）
ISBN 978-986-314-023-8（平裝）

855 101005026

文學叢刊 267

點燃紅燭第九支

著　者：芯　心
出版者：文史哲出版社
http:// www.lapen.com.tw
e-mail：lapen@ms74.hinet.net
登記證字號：行政院新聞局版臺業字五三三七號
發行人：彭正雄
發行所：文史哲出版社
印刷者：文史哲出版社
臺北市羅斯福路一段七十二巷四號
郵政劃撥帳號：一六一八〇一七五
電話886-2-23511028・傳真886-2-23965656

定價新臺幣二四〇元

中華民國一百零一年（2012）三月初版

ISBN 978-986-314-023-8 08267

自序

自小，我是個文靜孩子，母親帶我上親戚家，安坐一旁，一坐半天。長輩問我話，答聲如蚊鳴，沒人聽得見。

稍大入小學，下課耽在課椅，不愛出去走動。畢業那年蘆溝橋事件爆發，硫磺彈轟炸下，背井離鄉，顛沛流離，坎坷的苦難，又註定了我在炮火中成長的那一代的憂鬱性格。

民國二十九年到勝利後，一直在外工作，除盡本份事，很少與人交往，「沈默寡言，操行優良」是在校幾年每學期拿到的獎狀，「靜默無聲」是同事私底下給我的評語。

其實，我不是孤僻離群，只是不善表達言詞，實則我感情豐富，熱情洋溢，喜看大自然的風雲詭譎，喜愛花草虫鳥的生命之美，愛看小動物的純真有趣，孺慕外祖父母和母親的慈愛情深……。

很早以前就用筆代我口，在寫作途上，摸索耕耘，把文字化作言語，尋求心靈的抒發、生活的調劑和精神的出口。

從年輕到中年，一直與慈母同住，丈夫在，子女環繞，忙碌得有勁，直至初老，慈母仙逝，丈夫離世，長女、幼女罹癌相繼遠離，空空蕩蕩五間屋，失去了他們的聲響，顫巍巍病腿，已登不上樓頂的臥室。椎心之痛引發了兩次小中風，於是決定搬來新店達觀的電梯大樓，飲食料理大兒顧，糧秣補給小兒送，次女每週來探我，山上樹木多，整天空氣好，一住已七年。

好得我生活簡單，容易滿足，恬淡怡然與世無爭。清冷靜室，足可做自己喜愛的事。

韶光去匆匆，不為人間留，民國一百年，虛歲已九十，今歲零一年，實足整九十，在這春回大地的新一年，重萌出書念頭。於是把搬來山上所寫的抒心懷舊，點點滴滴兜攏彙集，宛若舊時代的拉洋片，幀幀安插，瞬瞬更換，依稀舊事，全在影像上，侃談呢喃，盡在無言中。

中華民國一〇一年二月春

點燃紅燭第九支

目 次

輯二：懷　舊

附 錄

民國 99 年新春文薈作者與馬英九總統合照（台北賓館）
右一：侯楨（自溫哥華回國時）

民國 101 年新春文薈台北賓館
左一排：作者、郭心雲、蔣竹君
後右一：郭妙、六月、李瑞騰

燃起九支紅燭，四代同歡齊唱生日快樂，左邊三位是
剛從溫哥華趕來祝壽的大外孫一家。

民國 101 年 3 月九秩大壽餐後，四代同堂在紅豆食府前合影。

9 照 片

民國 101 年 3 月攝於台北賓館新春文薈

民國 100 年除夕餐後全家合影（尚有內外孫 11 人留居美、加兩地）

民國 99 年文友聚餐。
左起：姚宜瑛、鮑曉暉、侯楨、芯心、俞金鳳。

民國 98 年文訊重陽與文友聚餐。
左起：童真、匡若霞、畢璞、梁秀中、芯心、吳敏顯、林煥彰、唐潤鈿、樸月。

文友聚餐。
左起：張漱菡、艾雯、叢靜文、匡若霞、芯心、
姚宜瑛、畢璞、鮑曉暉、前者：水天。

文訊會議離開前與文友合照。
左起：鮑曉暉、蕭滬音、芯心、畢璞、匡若霞。

民國 97 年 10 月，攝於野柳。
左一：外孫媳、外孫、作者、次女。

民國 95 年 2 月 8 日達觀社區看櫻花。
左起：鮑曉暉、芯心、畢璞。

文友王明書回國餐敘。
左起：鮑曉暉、王明書、唐潤鈿、畢璞、芯心、。

全家人於芯心及丈夫 70 歲生日時合影

民國 87 年 3 月 22 日，我 76 歲生日，在家與三個女兒合照。

民國 79 年溫哥華在大女兒家書房。

民國 79 年 10 月 19 日，專欄作家訪問省府後在東勢農場。
左起：芯心、李芳蘭、丘秀芷。

民國 79 年 4 月與畢璞大陸遊合照。

民國97年12月，銀髮公寓小聚。
左前一：鮑曉暉、畢璞、作者。
右後一：楊以琳、唐潤鈿。

民國74年荷蘭小人國。

民國94年琦君研討會，坐者：琦君。
立者左起：畢璞、簡宛、鮑曉暉、王令嫻、芯心。

輯一：抒心

人之老、樹之美

搬來山上，總還想起三介廟晨運時，那幾位談得來的老朋友。

其中，有九十歲的鄧老太太，被尊稱爲「老佛爺」，雖識字不多，話卻有趣。有年她家大樓底層設了個證券公司，見面總談狗狗事：「我家狗子昨兒個又溜到下面號子，我趕緊叫我家孩子，跑到號子，找回我家狗子……」，這段話說得像繞口令，令人莞爾。

已動過心臟繞道手術的仇太太，總是好心勸我去動關節置換手術，長痛不如短痛呵！

另一個從事義工服務的胡太太，行如風、嗓如鐘、性子急，講不到幾句話，急忙趕往校門口，做導護去了，大家給她一個「胡大爺」的暱稱。

一位川籍老太太，子女全執教杏壇，我們一起做香功，一塊兒聊天。而最投緣的是計太太，她個性爽朗，生活儉樸，歷經病痛最多，卻有一份堅毅不屈的生命毅力，還未認識前，就已動過乳癌切除，追蹤五年，方才逃過一劫。

後來，兩耳忽地失聰，醫治無效，助聽器也毫不生效，最後申請重度殘障，領些殘障津貼。過了一年，意外地奇蹟出現，竟不可思議地恢復了聽力，重又聽到這個美妙世界裡各種美好的聲音！

只不過，白內障又來，她勇敢地獨自去開了刀。耳聰目明後，糖尿病接踵來報到，她又努力改善飲食，控制血糖，服藥、運動，調理得不錯。

搬家後，隔一响總會電話聯繫，問問那兒的朋友可好？總聽說，這個摔了跤、傷了骨，那個胃病、住了院。某某人好久不來運動了，某個人到紐西蘭住女兒家了。過一陣，電話得知「老佛爺」悄悄走了，四川老太也病故，而她自己，骨質嚴重疏鬆，在公車裡重重地摔了一大跤，休養甚久才恢復。

年前一通電話，知道她又患膀胱炎，轉了癌，已化療幾回，不過，她的聲音依舊率性爽朗，反倒安慰我：沒事、沒事，一切交給上帝，會沒事的……。

隔了一大陣，和她打電話，是她老伴接，語帶哽咽說：「我太太走啦，已快五個月了！這次老病復發，到最後，打嗎啡針吞嗎啡藥也不管用，痛到不行！唉，她一走、我怎辦？我這個老頭兒，一丁點家務都做不來，一直是她照顧……」。

放下電話，推算時間，這些月份我到底在做甚麼呀？對了，二月裡，新春將臨過年忙；三月份，文友們回國投票聚會忙；四月裡，心血管疾病看診忙；五、六月間，兒子媳婦赴美探孫，寵物放在我家看顧忙……這一晃，沒料到，她已掙脫病魔枷鎖，回到天庭的家永遠安息了。

心惻惻、眼惘惘，想起一個冬日午後，她約我到三介廟走走，於是，她從山的那頭過山來，我從馬路這端慢慢去，她告訴我，明晨到果菜市場買春捲皮子，不去運動了，說那兒的春捲皮比這兒便宜得多，還要多選購些好配料，大兒子和媳婦、孫子都要來吃飯，又可給他們多帶些回家……。又悄悄透露，她的么兒做生意失敗，曾貼了所有私房錢讓他振作，媳婦患鼻咽癌，也給了個大紅包，叮嚀她趕緊看，早期發現，早期治療……。

「妳把心血老本全部放在兒輩身上，也要好好看待一下自己呵。」

她說錢財是身外物，只要一家人過得好就放心啦！人生到此，感謝上蒼的特別眷顧，那天祂召喚我，也會坦然接受……。

的確，她病痛多，咬牙忍耐，一如風中的蘆葦，雖柔弱，但吹不倒，即使倒下，也會落土生根。

又像一片風中的樹葉，自己落地了，還用愛的養分，滋養那棵樹木。

我的前廊長窗前，有棵枝椏四撐，高及四層樓房的小葉欖仁樹，在風中，濃葉層層飄展，撐起支支翠綠傘；而朝陽透射時，金光燦亮，綴滿一把把黃金屑。祇是風季裡颱風狂飆，暴雨猛瀉，總是刮得碎葉滿階，枝椏龜裂，樹幹歪了頭、折了腰。但是一等風過天青，生息休養一陣，重又葉簇蔟、樹直直，活力四射，英姿如故。

樹有節氣轉換的四季面貌，逢春萌芽爆枝，嫩葉抽長。夏季濃蔭匝地，蒼勁蓊鬱，秋至西風輕漾，疏淡蕭瑟。冬來樹葉凋謝，枯枝戳天。

樹像人生縮影，前兩季，綠葉成蔭枝滿子，後兩季，禿枝殘葉根猶在。

根，給我們生，也給我們老，永遠地輪迴不息，綿延不絕。

民國九十七年九月中華日報副刊

雲空下的倩影

雍容、高貴、玉骨冰肌的女王頭，依然兀立水一方。

大陸、香港一批批觀光客，紛來尋訪走透透。

女王頭，還是山般沉穩，水般柔情，不沾紅塵，凝眸波光，姿態勝過模特兒。只是，遠遠望去，她的纖頸細又細，眼窩深更深，走近跟前，頸脖下已經裂了一條縫，岩頁單薄了許多。

日日夜夜的風浸雨蝕，女王頭瘦了，丹霞地貌的野柳也老了。

如果沒有旗幟飄飄的大陸旅行團頻舉相機拍攝台灣美，如果沒有口音濃重的港澳人，前來探幽同看太平洋，真的少見台灣遊客了。或許，這兒沒有衝浪的刺激，浮潛的過癮，也沒遊樂場的新奇百怪，野柳，雖熟稔，已不熱衷，雖獨特，卻遭冷落了。

算算，闊別多久沒來了？這趟如果不是久居加國的外孫，來作台港兩地的蜜月旅行，才實現了外子的遺願：你們來看過我，可以一路遊山玩水，玩玩野柳、吃吃海鮮，親炙一下北海岸的山海風水。

但每趟，從他金寶山安息地回來，經過野柳、萬里、金山、基隆，總是行色匆匆，過門不入，頂多停車佇立片刻，望望瑩亮的海，海上的迷你島，何嘗領受過他的一番情意？

這趟來，最驚心的是七月強颱「薔蜜」造成毀滅性的肆虐，所留下的一灘灘漂流木，橫七豎八，堆得一團糟，那許許多多數以千計的巨木，橫的、直的、粗的、細的，都是風災的重創者，原先，它們紮根在山林綠野，茁長在農莊果園，矗立在蒼林天地間，卻在十七級勁風的狂飆，豪大雨的狂濤掃蕩下，地層塌、大石滾、洪水沖，而應聲倒、連根拔，隨著湍流衝過鄉鎮，滾過河流，最後折入大海，在日以繼夜的扭扯翻騰中脫了皮，更殘漏盡的浸泡浮動中漂成白，全變成了半倚半纏的扭曲体，堆積如丘的沉浮木。

每根漂浮木，有它們茁壯的奮鬥史，有一頁滄桑生命史，有它們的年齡、住處、籍貫和身份，在濤聲裡，似乎正在向你傾訴它的漂泊流浪。

而人生，也有上一代的萎謝凋零，下一代的成長家族史。記得那年夏，帶了孩子來到野柳，那時他還意氣風發正英年，我也鬢髮青青還年輕，孩子們穿梭在蕈林岩嬉戲，俯看仙女鞋、豆腐岩的自然逼真。女王頭、燭台石、軍艦岩的像得不能再像，猶記當時曾不解，野柳既沒野草如茵，也沒柳枝映照，怎麼取這地名？

外子替我解了惑，也給孩子們上了一課：這地方，是好幾萬年前，由海底暴露出地表的岩層，砂石層受到大自然的風化剝蝕，出現變形的褶皺，造出了奇形怪狀的地質岩層。野柳海岬水域深，暗礁多，是個不適宜航行的海灣，清末以後，漳州移民紛紛過海來屯墾安家，當時已有原住族羣，在這兒捕魚狩獵爲生了。

這裡地名，是按照族語轉換過年的。

如今舊地重遊，與他天人永隔，自己也青絲轉白頭。幸好，公園的環境改善，坡地鋪了路，陡坡架了橋，懸崖劃紅線，到處設了救生圈，還能讓我登臨女王岩，看看雲空中的伊人倩影。

雲空下的倩影，風霜幾重重，面龐老蒼蒼。

我看伊人容顏老，伊人看我亦如是。

民國九十八年三月中華日報副刊

抒月

一、「但願人長久」

二〇〇八年十二月十二日，是月亮最靠近地球的大滿月，錯過得等待八年才有機會看到。祇可惜，那晚雲層堆疊，冬月升起的方向又被高樓所擋，雖曾下樓等月，怎奈山風凜冽，冷得匆匆回樓，加以睡得早，錯過了大滿月的良辰美景。

直到農曆十九，終於在後陽台看到了這輪今年最大的滿月。圓月稍顯欠缺，但仍不減燦爛光輝，旁邊掛著顆大星，星月交輝，月滿大地。直到天際透出鴿灰色曙光，方與天光、燈光、月光合而為一，慢慢沉沒下去。

一連看了幾天晨月，一天天由稍虧而漸虧，橢圓而半圓，半圓又成月牙，深深體會到蘇東坡的「人有悲歡離合，月有陰晴圓缺」的古人幽思。

去年兩位中國太空人，攜的就是鄧麗君唱蘇軾「水調歌」的 CD 奔向月球，當他們繞著軌道漫步太空十九分鐘飄浮中，放眼所見，沒有廣寒宮的瓊樓玉宇，只有月球表面的坑坑洞洞；沒有月裡嫦娥的美麗神話，只有隕石海與一無任何物種的混混沌沌，虛無飄渺間聽到「但願人長久，千里共嬋娟」的歌，在別有天地非人間的太虛秘境，懷著怎樣一種廣袤無垠的壯闊胸懷，怎樣一份亦真亦仙的詩般情懷呵！

二、「月兒彎彎照九州」

三十九年末住台中時，常到中山堂看電影，白光、李麗華的居多，有回，到台中戲院看珍妮佛瓊絲、葛雷葛萊畢克合演的「太陽浴血記」，從自由路轉入雙十路，回到巷弄裡的家，一陣悠幽歌聲正唱著：「月兒彎彎照九州，漁船兒到處好停留。青山綠水風光好呀，漁哥哥吹笛妹梳頭」。

那年，正好有批大陳、舟山島撤退來台不久的軍眷們，借住在馬路附近的一個營區，正在乘涼的家眷們，唱起歌來真嘹亮，漣漪般擴散漫溢，餘韻臬臬，蕩漾不絕。

那晚月色明亮，婆娑樹影款擺滿地，雙十路異常清冷，而台中也還是個純樸小城，巷弄裡的家，與並排的屋宇一樣，家家種有芭樂、蓮霧、柚子、木瓜、龍眼……（這是以後問人才知名的果樹）院子裡也開滿紅黃相間的美人蕉。巷對面是台中公園後門，到綠揚圳買菜常穿過公園走捷徑。公園椰樹搖曳，花飛草長，時有賣香蕉的擔子挑來販售。

而滿城鳳凰木，盛開在赤烈陽光下，一片火紅，讓人驚豔。

台中水果多，百香果、釋迦、鳳梨和青芒果，許許多多後來才認得芳名的水果，令人目不暇給，太陽餅、烏魚子皆視珍稀。

那時孩子還小，母親與我們同住，常常帶著孩子，在巷底水溝邊，撥弄滿地的含羞草，看著它們收收捲捲。也常在樹蔭下撿拾酒盅般的果殼，一路可以玩上好半天。

只是那之後，每當夜晚時辰，在雙十路散步徘徊，再想聽聽軍營裡傳來悠緩古老的江蘇民謠：「月兒彎彎照九州」，卻像黑夜裡瞬息劃過的流星雨，永遠消失在夜空，闃然無聲，杳渺無蹤了。

三、「我愛月亮」

收聽電台老歌節目，忽然播出一位歌者唱出的「我愛月亮」：「假如我是一個月亮，我願意高高掛天上，放出柔和光芒，溫暖人們心房……」。

這首岳勳作詞譜曲的歌，被當年歌星李佩菁唱紅。歡唱時忽然迸出的一聲『月亮！』，高亢中熱情奔放，獨特風格滿溢狂野，快節奏的圓潤唱腔，如大珠小珠落玉盤，使她贏得月亮歌后的美名。

可惜這位歌星因脊椎病變而癱瘓，雖在輪椅上，還中氣十足地高歌好幾回這首招牌歌曲，但終究不敵病魔折磨成爲永久的傷殘，從此中輟，淡出歌壇。

由於這歌闃然沉寂，讓人遙想起當年有首歌，詞是這樣的：「月兒高掛在天上，光明照耀四方，在這個靜靜的深夜裡，記起了我的故鄉，故鄉遠隔著重洋，旦夕不能相望，那兒有我高年的苦命娘，盼望著遊子返鄉……」

「思鄉」是身陷淪陷區，在深夜裡偷偷收聽到的抗戰藝術歌曲，苦難的敵區子民與困境中的大後方同胞，同在一個個深夜共聽一首鄉愁的歌，感情是凝聚的，心頭是惆悵的。

誠如此刻，想起「我愛月亮」的原唱者，歌聲歇息，已成絕響的懷念一樣。

四、「月亮在那裡」

民國三十年的時候，有部陳雲裳主演的「花木蘭」電影插曲「月亮在那裡」，在民間傳唱好久，流行一時。她女扮男裝，代父從軍，一身戰袍，扮相俊俏，沒人識出女兒身。初離家鄉，思家心切，第一段是：「月亮在那裡，月亮在那廂，她照著我的臉，也照著我的袍，照著我終夜在徬徨，照著我甜蜜的家鄉……」

之後，男主角梅熹識出，對她傾心，唱出了第二段：「月亮在那裡，月亮在你的身旁……你不要慌不要忙，到頭來，自有那嫦娥下降……」

這首歌雖平凡普通，但那時日寇佔領，對內殘酷壓迫庶民，對外掠奪土地，戰火頻仍，淪陷區百姓精神苦悶，只能偶而看場電影、哼哼歌，抒解情緒。

那時，上海的電影事業蓬勃，周旋、李麗華、周曼華、龔秋霞的電影與歌，傳唱大小城市，陳雲裳是後起之秀，第一部電影「花木蘭」一炮而紅，大放異彩。

有天，朋友送我兩張入場券，是陳雲裳來南京中央戲院登台剪綵，於是與母親一起前往，看看這位明星的盧山真面目。

這位電影明星服飾並不奢華，僅是一襲乳白色蝴蝶結洋裝，鵝蛋臉兒巧笑倩兮，娥眉雙眸美目盼兮，唱的就是「月亮在那裡」。

她的音容她的歌，至今七十年，依然清晰如昨。

民國九十八年三月中華日報副刊

大溪・三坑子

一、紅磚老平屋

坐在窗明几淨，木門連著木隔窗，小走廊緊臨兩間小廂房的紅磚平屋內，嗅著滿室書卷香，滿鼻咖啡香，突然掠來一陣思緒，湧在心頭潺流。

這兒是蔣公初來大溪臨時住下的一處行館，蒼翠的山，清澈的水和純樸的民風，與他故鄉的景致極為相似，就這樣愛上了他，作為初時的住所。

如今，磚造平房的兩間廂房，擺設的照片圖片，書冊瀚墨和老舊的木桌木椅，全都保持著當年原貌。

而，飄香的老平房現在已成「文藝之家」，供應簡單餐食：三顆獅子頭，一撮紅蘿蔔和泡菜，玉米濃湯飯後茶。這樣的簡單午餐，最能符合蔣公生前的簡樸要求，一如南投日月潭的曲腰魚是他的最愛，用的是最簡便的作法——清蒸一樣。

飯後，走入小小庭院，老樹碧綠伸展，遮住了半個庭院，總統全身銅像雄偉佇立供人瞻仰。前院擺有一圈桌椅茶座，太陽傘下可啜飲，盡頭一個六角涼亭，山風習習，林鳥啾啾。紅磚屋是他生活作息的地方，留著他的音容與跫音，六角亭台則是他寄情山水，沉思冥想的地方。

如今老磚屋古樸依舊，充滿了古拙與高雅，大溪山水美好如昔，充滿著大自然的寧謐與靈秀。長存於世的偉人典範，也還這般深沉，無限緬懷。

午後，我們走到門外巷道、靜靜的巷道，有兩排靜靜的民宅，全都關著門，沒半點兒聲息，也沒行人來往，各家樓面飾有吉祥圖案的彩繪浮雕，在淡淡春陽下發出歷經歲月的幽古，一切的一切，似乎仍然酣睡在百年光陰中。

穿街過巷，經過堤岸上的中正公園，櫻花盛開滿樹，大漢溪正臨乾旱，河床礫石暴露，溪水細長如帶。

再走下去，便是大溪老街，街上店面在平常天多數半休半歇，只有大溪豆乾店，生意一枝獨秀，這是大溪好水賜予的好出產，人手一袋都要帶一包回家。

雲影波光的湖上，依舊有白天鵝黑天鵝悠遊湖心，牠們少食少喝，昂首挺胸，人格完全獨立；牠們沉穩睿智，恬淡平和，遨遊天地胸襟寬。

來到慈湖，耳際就會響起：「大哉中華，代出賢能」那歌的聲音，餘音仍然盪漾著。

來到慈湖，就像回到那個奮發復興的年代，光被四方的清明之氣依然滿溢在大氣之中。

二、一條迷你街

暖暖的春陽中，到這陌生的三坑子，街道鋪著長條石板路，腳踏車四十秒鐘就從街頭騎到了街尾，是條短小精巧的迷你街。

不過，腳踏車也可循著環形路騎到石門大圳，有夾道的林蔭和圳水的潺流，是條很不錯的自行車道。

這個龍潭最早開發的小鄉鎮，街屋稀疏，斑駁的土牆露出了夯土，剝落的夯土牆，灰黯的土色牆和老舊的紅磚牆，現在全都成了小學校的戶外教材，讓孩子們知道，早期先民所住的居屋材料，以及他們胼手胝足，艱苦墾拓的過往歷史。

街頭有個「黑白洗」景點，腳下的水渠流淌著泊泊流水，混合了清澈山泉與石門大圳匯合的水，因有清濁之別而有此稱，是古早婦女來到這兒汲水和濯洗的地方，也是彼此談天說地的聚集中心。

三坑老街，街角晒了許多竹匾的菜脯和菜乾，是淳厚的客家婦女最拿手的菜餚，菜脯炒蛋、梅干扣肉，這些都是絕佳搭配，可惜來得不是時候，沒吃到豆花湯圓、菜包蘿蔔糕等美味小吃，店鋪要在星期例假日，才會開門熱鬧應市。

街的盡頭，也有古厝、老宅、古廟、古宮。街底一大畝沒田埂的稻田，紫紅色野花燦然盛放，田畦四周鑲著一大圈紅緞帶，原來，那是春節燃放炮竹留下的鞭炮碎屑，田裡的花花草草，也會很快鏟除，作爲春耕的有機綠肥。

小巧玲瓏的狹窄小鄉鎮，不時有汽機車呼嘯穿梭，形成平靜中有熙攘，樸淨中有紛擾的不搭稱。

不過，暫等短短時日，這兒另有一番大自然的美景將呈現，那就是油桐的羣芳吐蕊，飄花如雪；山徑的蝴蝶遷徙，羣蝶翩躂，四、五月螢蟲閃爍，萬點光燄，都會在這個客家庄定期相迎……。

民國九十八年五月青年日報副刊

巧遇聖人

那天，兒子又陪老媽看心臟科，原因是上一天又感胸痛，次日又胸悶，因此急催兒子開車來接。

臨時掛號，倒還順利，看完兩個人就輪到。拿著檢查單去做兩項檢驗，過後又拿報告單給醫生分析，兒子對護士小姐說：「樞機主教單國璽在外面等，怎不出去恭候大駕？」

護士笑笑說：「等回他會自己進來。」

原來，主教在候診室，匆匆進來，我沒看到。

醫生看了報告，說不像心臟痛，如屬心臟揪痛，不會一整天，而是急促短暫，同時會有冒汗、欲吐、呼吸急促等徵狀，因此仍說是神經痛。

出來，主教真的在那兒等候燈號，我因看過電視台的訪問節目，就冒昧地跟他說：「曾經看過電視訪問你的節目。你身體很好，氣色也好耶！」他立刻伸出手與我緊握。我又問：「今年幾歲？」「八十七」他答。

「噢，與我同年，民國十二年生。」他又笑了，神色愉悅。

指示燈亮出他的診號，進去前，又親切地與我母子握手道別，轉身入診療室。

從來沒見過一位素昧平生，地位崇高的人，如此的平易近人，親切謙和，也沒看過一位神職教主，在他所屬的天主教醫院，如此耐心的端坐在平民百姓身旁等候燈號亮起，連那位護士小姐也沒讓他優先看病，而是說：「等回他會自己進來。」

這等涵養，這般品德的主教，這天與他在醫院巧遇，也真的沾到了他的福，胸不悶，心也開朗了，更有一種深思與體會。

在過去報導中，知道這位樞機主教曾得攝護腺炎，在一次體檢後，赫然發現罹患了肺腺癌，治療和休養一陣，他走遍很多教區，作了次生命告別之旅的人生思維巡迴講座，對大眾說出他的心情：把病交給醫生，調養交給自己，身體交還大地，愛心留給心愛的朋友，靈魂交給天主……。

他的豁達、開朗、信仰與理念，最後終究征服了疾病，對抗了絕症，回擊了死亡，完完全全過著一般常人的生活。

他曾強調：即使生命走入最後一段路，內心仍須持有平安喜樂，心理充滿新希望。

的確，人生最後一段路程中，有老年的退化與老化，有身體的病痛與病苦，更有力不從心的無可奈何。就像與這位聖者同年歲的我，也經歷過人生每個階段的雨雪風霜、喜怒哀樂和老病滄桑，在這些年的心血管病症，險度兩次小中風，險些要裝血管擴張支架，疑惑心臟病發的恐恐懼懼，後來又換了現在這位心臟科醫生，他倒沒說得那般嚴重，也沒提支架事，只說是神經痛，多開了一小瓶讓人安心的舌含片。

這天巧遇樞機，見他那份靜定、篤定，癌發的無限堅強和永不止息的愛，即使最慘澹的得癌之後，還將愛的種仔給予全台各地的監獄、機關和學校，以及深愛的信眾們，分享他罹癌的心情轉折。這顆博愛之心，多麼令人感動呵！

而我，也要在生命最後一段的黃昏餘年中，將一份情傳下去，包括我的兒女子孫及曾孫們，簇擁彼此的愛，聯繫恆久的情。

看吧，我的曾孫正在舊金山那端，對著電腦影像牙牙學語，稚嫩聲腔，對我叫著：「波波、波波……」

小孫女第二個新生兒，正在月子中心的母親懷中吮吸著奶，寶寶睡著了，一瞑大一吋……。

不知何時，彎彎上弦月，已在白雲出岫的山頭乍現，流雲飄盪，弦月悠遊，穹蒼無盡，歲月靜好……。

民國九十八年五月中華日報副刊

老歲月停、聽、看

最近翻到一本從民國三十七年年底，陸續以大事記方式，記載到三十九年的老日記簿。三十七到三十八年，是歷史上最動盪的一年，是國共談談打打的內戰期，是生命歷程的轉折點，是二百萬軍民的一次大遷徙。

在那段動亂歲月裡，只因國共政治理念不同，幾番和談終至破裂。

如今，六十一個年頭已過去，時移事往，分久必合，已到兩岸交流，慢慢契合的轉捩點。本來嘛，在悠悠歲月中，大陸上十三億善良老百姓，海島上二千三百萬淳樸台灣人，在一個藍天下，共作息、同成長，在同一塊大地上，共生息、同努力，彼此又有甚麼不同呢？

現在，將這本紙張已發黃，字跡已褪色的日記中，摘錄二三，以及昔年許多事情的追記，作爲老歲月的停、聽、看。

民國三十七年十二月二日

孩子快滿月。上月八日，肚子隱隱作痛，半夜間歇陣痛，好一陣又痛一陣，已不能忍受了，十點多鐘他趕往官邸，派來警衛隊兩個人，把我抬上擔架，送往中央醫院。折騰到翌晨，五點五十五分的曙光中，孩子落地，當護士笑盈盈地抱來已打過照面，此刻包上小被的男嬰，見他小小臉頰，皺皺皮膚，不禁疼愛入心，十月懷胎、足月臨盆的辛苦、痛楚全忘光。

但接下來是沉重的現實，外面局勢紛亂，物價飛漲，共產黨已取下東北，逐漸逼近長江流域，南京謠言四起，市民搶購糧食，市面百物短缺，出院問護理長，嬰兒吃那種牌子奶粉？她說：搶到甚麼吃甚麼！

出院回家，一室冰冷，空鍋空灶，我們兩個人，他是孑然一身的小尉官，我是性格內向的笨拙女，孩子來了，慌了手腳。住院時請勤務兵煮個雞湯送來，肚腸未剖，全都落鍋，怎怪得了他？年紀輕輕怎懂得處理細節？

謝天謝地，母親及時趕來，擱著大哥家兩個小孫兒，帶著年幼的的弟弟趕來南京，替我做月子，簡陋的家，有電沒水，有爐無廚，每天必到屋後冰冷小河塘洗尿片，每頓必須引火生爐燒水煮飯，這份親恩，怎麼還得了？

民國三十八年一月二十九日

還有一個禮拜過年了，只是沒一絲年味，大家急迫談論的，就是遷滬赴廣，還是辭職資遣的切身問題，辦公室沒生火，好冷，預料不到的未來，讓人心裡焦灼。

下午三點，他突然出現辦公室，催促我跟他回家，搭了一程公車，才透露：今夜他們要隨護總統引退溪口，要趕緊整理行李。

這個消息令人震撼，時間那麼急迫，這樣倉促就要離去……

民國三十八年四月十日

談談打打，和平無望，長江對岸已燃起戰火。

他去溪口已兩個多月，家書雖多，掛念至深。信中曾提及遊過山崖石洞，噴泉如雪的「雪竇寺」勝景，以及如站立凌空，地勢險要的「妙高台」。溪口山明水秀，百姓敦厚樸實。

日子讓人愁，白天忙碌還好過，一近黃昏便心慌意亂的，城北竟然住著這麼多眷屬，每夜從門前響起腳步雜沓，都是撤離的人群，外面馬路上更是車馬喧騰，輜重隊伍車聲轔轔開拔了，坦克車轟隆轟隆駛遠了，我的小屋像巨浪中一葉孤舟，隨時有被浪頭吞噬的危急。

謝天，他終於調回，派了新職裝甲兵獨戰營，二十號營部疏散，在上海候船到台灣。

只剩一週時間，得趕緊收拾作準備了，忙亂中發快信給無錫哥哥，告訴他這個決定，並告訴他，妹妹唸書的子弟中學也在近日到上海候船。

小孩的衣物、小搖籃要帶，尿布、奶粉、熱水瓶要隨身拿，杯碗湯匙也要帶著，最愛的幾本世界名著，到時捲在舖蓋裡……千頭萬緒，紊亂極了。

民國三十八年五月十五日

從離京前，大哥趕來送別，到了上海等船一星期，直到抵台將近半個月的今天，只能大事記方式敘述了。

我們是四月二十一日離京，二十八日登海宿輪，五月一日上午抵台。在上海等船時，住江灣營區，吃的是公家的大鍋飯，期間曾到市區兩趟，一次是到「新新公司」買孩子衣服，一次是採買船上吃的乾糧，那幾天裡，上海真的不像上海了，馬路上儘是潮水般蜂擁的異鄉人，人車壅塞，連針都難插，鼎沸的喧嚷近乎瘋狂。老天似也感傷，整天整夜下著雨。

候到四月二十八日，終於有了開船消息，千多人員，千多行李，亂中有序的魚貫而上，攀登陡高鐵梯，回望黃埔江滾滾濁流，不禁說聲：再會吧，上海！也就在這幾天，聽到南京失守，京滬沿線城鎮流民四竄，趁火打劫的消息，牽掛著大哥的安危，心裡十分擔憂，默禱上蒼佑他平安！

三天兩夜的緩慢船程，突然聽到一聲：「到了！看見海岸了！」從人縫中擠上甲板，青山在望，藍雲在飄，海風在揚，浪花在盪。這時，遠遠看見一艘艘香蕉船搖來，大家搶著買香蕉，這種水果在京滬一帶極其珍貴，最多買一、二隻皮已黑、價已廉的來嚐嚐，那會如此闊氣的，大家買上一大串，這是初抵時最鮮明的印象。

長時間的等候進港，上岸後，公家安排了今晚入住的「浙鷗旅社」，放妥行李，走到房間外面的狹窄陽台，街頭走過著洋裝撐太陽傘的婦女，踏著木屐踢躂響，小攤擺著菠蘿和香蕉，對街有冰店、餅舖。換掉一個大頭，值老台幣十七萬，下樓一人一碗麵，共四萬多元，冰果店吃西瓜解渴，盤邊放了一撮白色晶體，後來才知那是蘸西瓜吃的鹽巴。

次日下午坐小火車到營地，一等又是大半天，台灣真是熱，上海還在春寒呢，車站邊賣著甘蔗，皮色黑褐褐，很粗也很長，不像內地的青皮甘蔗細而短，買了兩段來嚐嚐，汁多味甜，十分解渴。

傍晚小火車開動，一路黯黯的，忽見暗處出現了一堆亮光，帶領的幹事說：「最亮的地方，是台北城」。火車開到一個叫「清水」的地方就停住，卸下大堆行李，在鎮公所暫歇，裡面的值班人熱情的招呼茶水，騰出空屋，這兒過一夜，明天再替我們雇牛車，行李上牛車，人員跟著走。

次日一行人便上了路，沿路田畝遍佈，據說這兒一年可收兩次稻米，農舍房舍十分乾淨，井條有序，行行復行行，經過鄉鎮又村落，這才領教到熱帶陽光的威力，以及長途跋涉的艱辛。

經過「梧棲小學」，原以爲目的地已到，但營地還在港口的港務局宿舍，還得走一段路。小街上，家家門前擺了大堆石灰層的礁岩，個個雙手俐落的用小刀子，從尖銳厚殼中取出一粒粒軟物，不知道是甚麼東西，路上赤足小孩在叫賣冰棒。走得乏力極了，終於到達港務局宿舍，全是紙門紙窗，鋪草蓆的日式房舍，初到分配兩家合住一間宿舍，長日顛簸，擁擠也成習慣，唯有一路攜帶的小搖籃，是吾兒睡得最甜的「安樂窩」。

過了一陣子，分到一間宿舍，有廚房和蹲式廁所。對面有個防風林，我常抱著孩子去捉蝴蝶和蜻蜓，捉了又放掉，看著它們翩然再飛翔。

這兒原本是個漁村，因此婦女常常提著藍亮的翠條魚和蛤蜊，到門口來兜售，她們不善講價，喜歡和我們交換舊衣物，取到後欣喜之狀，越發看出她們的樸實可愛。

梧棲海岸的風季真駭人，聲濤震天像狼虎嘷叫，漫天風沙尖銳如小刀，刺痛行人臉頰，在營區築工的弟兄們，都戴上口罩和遮風鏡，仍是走不穩，跌跌撞撞像醉漢。

不久，農曆七月半來臨，家家宰豬殺鴨，空地搭起醮壇唱起野台戲，祭祀的魚肉瓜果擺滿一桌，孩子到處在奔跑，與內地的習俗很相似。

民國三十九年十二月三日

梧棲住了半年，他調職台北裝甲兵司令部，十一月中旬家搬到台中，他每週或隔週回家一次，這兒仍是日式房子。初始也是兩家同住，僅紙門相隔，後來那位同事已分到屋，我們一家獨住了，這兒有前後院，前院種有寶塔松和木瓜樹，後面有顆芭樂樹，高出圍牆，結實纍纍，因爲我們不敢吃木瓜和芭樂，果熟時，都被小孩爬牆摘去了。

孩子兩歲了，我和母親常帶著他到馬路對面的公園側門進去，騎銅馬，到湖邊去走走橋，椰子樹的婆娑長影下，有挑擔賣香蕉的小販，我們總會買來吃。

弟弟上小學，妹妹唸高一，最巧的是，子弟中學就靠近家旁邊，可說是一家團圓了，斷絕音訊的大哥，在輾轉打聽下，知道了他搬家後的地址，託一位香港朋友轉信，說說近況報報平安，絕不提及在台事，免得受到連累，他的信也是稟告母親保重福體，他們都好，請勿掛念等。

這兒的中山堂和台中戲院，都有中外影片，太陽餅是台中特產，烏魚子也是名產，水果種類多，氣候好也沒碰到颱風。

明年元旦，是我第二個孩子的預產期了。

****

老日記簿反映的歲月變遷，喚起塵封的苦日子，穿過時空，一下子浮上腦海，那陣子的焦灼、期望，深夜醫院的蕭瑟長廊，孩子生下的急景凋年，南京冬天的寒冷，上海一片的紛亂，巍巍的海輪，悶悶的汽笛……真夠悲涼悃然，感慨萬千的。

民國九十八年十月青年日報副刊

老家人

民國三十九年搬台中，住的仍是日式平房，玄關榻榻米，紙門紙窗，巷內兩排住家，都是院門對院門，約二十多戶。

家家前後院落都有果樹，橘柚之外還有識不得的果子，這兒與住了十個多月的梧棲鎮大不相同，住梧棲時看到的是海風呼嘯的荒涼沙灘，陽光分外熾烈，後頭的漁村空蕩蕩寂寥無聲，老遠的鎮上滿是低頭剖蚵殼的婦女，手不停歇熟練俐落。而民生簡樸，佐食以易長的空心菜居多。

台中就不同了，穿過公園到綠楊圳買菜，攤上已有豆芽、豆干，和一些當令蔬菜，豬肉攤之外，還可買到牛肉、牛肝以及少數的香蕉、菠蘿，水果攤極少，該是各家都有結實纍纍的果樹，隨時可採的緣故吧。

初到時，前院一棵層層結著的橢圓果，後面一棵結滿青果的樹，就是不識其名而不敢採摘，有天，老家人托著半個剖開的「樹上的南瓜」說：「它的肉軟趴趴，一肚子籽，聞聞味道有雞屎味」，說完就扔進木頭畚箕裡。

後院果樹，常有賣完枝仔冰的小孩爬上牆，比手示意採食，見我們點頭，一下子爬上好幾個孩童，邊採邊吃，又拿又藏，裝滿一褲袋才滿心歡喜的一哄而散。

孩童不時來採，熟果也紛紛墜落，鵝黃的果肉裂出粉紅的籽，隨風吹來熟爛果味，老家人不時地掃除，嘴裡逕自咕嚕：「這到底是啥個物事，味道好怪！」

前院的瓜，無人問津任其掉落，後院的果，熟得也快，巷子盡頭有棵又高又老的大樹，結了好多青裡泛紅的小果，在濃密枝葉間串串垂掛，風來時眾果搖搖盪盪，煞是可愛，老家人稱它是寶塔簷角懸著的鈴鐺果。

老家人是上海候船期間，外子一個朋友拜託部隊裡安插個空缺，帶來的一個上海浦東人，他孤身一人，對人很誠懇，曾在浦東一間店鋪作管帳。帶來台灣後，先在家裡幫忙作些雜務，抱抱小孩，待職一年多，安排在軍中電台任文書。他的生活如時鐘一樣規律，心地忠厚一絲不苟，人近中年耳有些背，常會問東問西，答非所問。

剛到台中初期，由於他的上海土話與人難以溝通，發生不少趣事。有回又像發現新大陸般對我們說：「今天在火車站附近看見一樣東西，樣子像松果，橢圓形狀，青色外皮鱗狀凹凸，有個人買來掰開吃，肉是香蕉色，籽像冬瓜子，我問那人是甚麼果？伊講是『雪茄』，吾也弄勿明白」。

又一回去綠楊圳買菜，好幾個小時不見回來不免著急，原來他迷了路，一路問了好幾輛黃包車，說好地址個個獅子大開口，要價「嘸只洋」，我還價「壹只洋」，但定要「嘸只洋」（鄉音五塊錢幣），我可吃上整個月八角一大碗的陽春麵啦！

有天上街到太陽堂買餅吃，甜滋可口，帶兩個給我們嚐嚐，轉彎處碰見小商店老闆人很和氣，打過招呼跟他說：「來剃頭」，明明不是理髮鋪，怎要我進去「剃頭」？到後來才弄懂難以瞭解的話，多出於語言的隔閡。台音「嘸只洋」不是亂開價，是「不曉得」意思。「剃頭」爲客套話「坐坐」。前院的黃果叫「木瓜」，整年能結果，含蛋白質、維生素等，營養相當豐富。後院的果子叫「芭拉」，養分也高。鄰家大樹上成串的鈴鐺果叫「蓮霧」。形如松毬的鱗狀果叫「釋迦」。

那年冬夜，門外響起砰砰打門聲，一個陌生人在外面喊：「你家的朋友，在馬路邊水溝跌倒了，趕快去看他……」。

這期間，外子在台北司令部辦公，我生老二還在月子中，一家老弱婦孺，那人會是誰呢？遲疑間，老家人弄清楚後，立即披衣奪門而去。過了半晌撲空而回，說在馬路溝邊來回尋找，根本沒見有人摔落一那個不知是誰的「朋友」。

星期天外子回家，才知事情原委，一個師部同僚曾來過我家一回，那天夜裡騎車回去不慎摔跤落溝，慌張中記得我家靠得最近，託夜路人來報訊求助，久候不見人來，剛巧一部吉普車路過，將他送醫包紮。

老家人聽罷連說糊塗！罪過！全怪他那晚走了岔路，去了水溝另一頭去搜尋而誤了事。外子安慰他，那夜天很黑，路上沒人影，也叫不著車，就是找到也沒力道處理，幸好朋友吉人天相，有吉普車相助，你也不必自責了。

但耿直頑固的老家人，仍堅持去探望並道歉。

朋友不久也癒好，有天開車帶我們到霧峰鄉的林家花園玩，那是個尚未開發還屬典型農村的鄉鎮，是古時台灣島上五大家族之一林獻堂的宅第，有四進回字型的四合院清代官宅建築，人文氣息極爲濃厚。與大陸古代官邸的園林一樣，亭欄樓閣典雅幽美，曲橋流水古色古香。

樹林中處處多桂圓，樹不高，串串果實又大又多，顆粒水份甜滋滋，帶了幾串回家給老家人嚐鮮，他高興的說：「從沒吃過剛採的樹頭鮮！我們那兒都是燻烤過的桂圓呢！」。

兩年多，台北眷村完工，不得不搬離台中，台中氣候好，居家最適宜，真有點捨不得。老家人已到軍中電台工作多時，台長對他很器重，臨行前他來相送，殷殷致意「主任保重」（梧棲時外子的職稱），「太太、小囡囡保重」，「老太太保重」，「明小姐、培弟弟保重」（胞弟妹）……。

我們一家大小他都照顧過，買菜煮飯他都辛勞過，他的性格我們一清二楚，他是個老好人，是我家永遠的老家人！

往後幾年，他常到北部來看我們，總是吃了飯才來，還搶著掃地抹桌，一面做事一面談論近況，以及電台聽來的種種新聞，忙完了，吃杯茶，便到巷子窄弄堂浴室洗澡，當天趕回電台，不勞我們一點神，他手腳不停，勤快依舊。薪餉除繳伙食費，全都存入同袍儲蓄會。

民國六十年，吾兒從幹校新聞系畢業，派在南部軍報社期間，假日常去台中看他，當年抱大的孩子，如今茁壯已成大樹，他的欣喜是難以言喻的。那時國家經濟起飛，生活水準普遍提昇，他身心安康，知足常樂，過得十分自在。

又經過很多年，他已逐漸衰老，住入退輔會「榮民之家」。一些老年病也出現在他身上，焦慮妄想敏感多疑，有份神經質，沒一點安全感，常抱著個鐵盒子，在院中來回穿梭，不理人，下棋的、呆坐的、聊談的、走動的一概不理。

鐵盒內，是他半生積蓄，包括定存單、金子、身分證、授田證、圖章等物件。

他的胃疾也頻繁發作，有回兒子去看他，老家人取出一塊五兩重的金塊交給吾兒，對他說：「民國三十八年在上海，無親無眷，孤身一人，同鄉李先生把我托付給你爸，一同來台灣，慶幸跟對了人，選對了路，受到家人一般妥善照顧，才放下千頭萬緒的心，這福分，這輩子我都牢記在心，這塊金子，放在儂格地方作紀念……」。

次年歲暮，他就病逝，生前儲蓄因無親人，全都回歸了國庫，人入了大甲軍人公墓。

八十五年外子罹癌離世，他自己早已物色北海岸那邊的金寶山，預訂了一座雙人穴，傍山面海，囑咐清明前後，一家人可以踏青而去，遊山玩水前來看他。

後來，吾兒也爲老家人買了個塔位，改遷金寶山，與老主任一起在這山青水濶的北海岸，作爲他們永久長眠之地。

悠悠歲月，似水長流，斯人已去，金塊猶在。雖無當年的金光四溢，但足金足色，仍然彌足珍貴，一如老家人內心深層的實心厚重，在我們心目中的份量，永不消滅。

民國九十九年三月中華日報副刊

鄉音

中國幅員遼闊，地域廣博，因此向有「十大方言」之分，包括吳、湘、客、粵、閩、晉語、徽話等。各省各縣，各域各鎮各有不同語言。甚至，就是一個縣城，隔座山隔條水，或者一個城裡一個城外，語言又不盡相同。

於是，方言土話，官話國語，俚語諺語多不勝數，大致歸類，北方話音調字正腔圓，南方話口音優雅柔軟。

台灣是個移民最多的地方，數十年住下來，南腔北調，各省地方話大致稍能辨認，而國語官話，唱曲雜戲也已十分普遍。

這些年來，時會想起母親，以及她家鄉烏鎮的土音，感覺很親切，很美好。例如說：「很珍貴」，烏鎮話說是「鑾值鈿」。「不上進」土話說是：「杭貨」。「這兒、那兒」烏鎮話是「隔搭」「隔頭」。「有錢」鄉語說是「有銅鈿」，「土匪」呼「長毛」，「小偷」叫「賊骨頭」……。

從彈唱、說書聽來的俗諺，母親也常說些給我們聽，例如：「千年松，萬年柏」。例如「在世一根草，死後一件寶」。像是「牡丹雖好全仗綠葉扶持」，「良言一句三冬暖，惡話傷人六月雪」，又例如「多吃無滋味，多話不值錢」……。

懷念母親的家鄉話，無非是緬懷母親的孺慕情。從小到中壯年，我都有緣與她同住。她剛走那幾年，想問一件事，要去喚她下樓吃飯，找她人不在，一想她已離去，又會傷心很久。還好，三十多年來，我與弟妹聚首會面，講的仍是烏鎮話，過年過節烹的還是烏鎮菜，前年妹妹坐著在上海工作外甥的車，去過一趟烏鎮，她形容：腳下排水溝的水聲嘩嘩作響，老樹倒映在河面盪來盪去，兩岸的老房子牆門深鎖，小鋪門口木桌上擺著糕餅，掛著小衣小褲和老虎頭童鞋，土得很可愛，還有，明藍天空特別光亮。

妹妹是在遷居常州後才出生，烏鎮的圖像，烏鎮的地貌完全陌生，僅以遊客的眼光看待這個水鄉。她那知道，那兒的流水已流淌多年，是外公時代和外公的外公年代的河，那兒的老屋，是明清年間或更遠的古代留下的屋，這麼古老的歷史風味，這麼悠長的時光氣息，她怎能識得？嗅得？

小時常聽母親輕輕叮嚀的一句話，要哥姊小心：「外頭滑踼滑塌，走路要小心！」「滑踼滑塌」就是「滑不溜丟」的意。

門前橋境有個橋洞門下，早上都有船隻卸貨，挑水伕忙碌挑水，地面經常濕淋淋。一有小夥計揹著鹽包的鹵漬或瓜皮屑漏出來，就會很濕滑。

哥姊學堂設在一座祠堂裡，周圍的磚塊地生了一層綠苔，潮濕天走路很滑，而最難走的莫過於落雪天融冰時，冰雪上面滑踢滑場，母親特別叮嚀這句話。

說起融雪天，便想起我讀小學時的情景，每逢大雪後放晴，解凍的雪水結成冰，走路滑來滑去，太陽光與雪光耀眼刺目，瑩白一片照得頭昏眼花，原本祇須十多分鐘的路，走上大半天，到家眼前黑濛濛，樣樣看不見。

這種現象叫「雪盲」，是日照的紫外線和雪的瑩白刺激的生理反應，定要休息片刻，才逐漸恢復正常。

融雪比下雪還冷，常會凍得臉頰痲木，鼻青唇也紫，這種寒冬天，母親的叮嚀更殷切了！

猶記母親房間，有一架珍稀的收音機，每天聽播出的彈詞節目，小絃切切如私語，鄉音琅琅自彈唱，慢慢分期播出的「珍珠塔」，「白蛇傳」、「楊乃武與小白菜」，還有「螺螄殼裡做道場」（含義是苦嘆人生一世忙，在螺螄殼般一方小天地過日子）情節哀婉，悲歡故事真夠聽的。

母親會講些簡單的內容給我們聽。

古事悠悠然，但覺鄉音美！

民國九十九年五月中華日報副刊

恬淡心

「喂，你搬走好幾年啦，怎麼樣，過得還好嗎？來玩玩嘛！」一兩天前，舊居朋友來電話這樣問。

我跟他說，還好，不過真想去老地方看看，畢竟，那兒住了三十多年，與它結緣有感情了。

人，總是矛盾，住久，會厭膩，別久，又想念。

山上沒舖沒店，兒女忙東忙西，每周上來一、兩回，帶葷帶蔬替我烹好，吃過飯回去，臨走總要問問，菜夠吃嗎？頓頓吃同樣的菜，會吃厭乏味嗎？

我說不會，隔夜的葷菜放結冰室，結霜仍保鮮。蔬菜包好放冰箱，幾天沒問題。

鄰友的探詢，孩子的關心，我都理解，無非是怕我住得厭倦，吃得乏味，其實，我是個喜歡清靜度日，生活極其簡單的人，自知寡言木訥，是個非常無趣的人，因此鮮少出門，很少與人聯繫，我也自有一套生活方式：坐擁青山，有山嵐雲霧的虛無飄渺，坐看大地，有花草樹木的自然生態，日日相見不相厭，時時多變多趣味。

譬如說，年前歲暮有一天，天還濛濛亮，望見西窗外高坡樓宇的一戶底層人家，燈影下浮現一片紅晃，心想該是新貼上去的春聯，寫著「春到人間」、「天增歲月人增壽」之類的橫幅直聯吧。過後陽光出來了，再望上去，那灼灼容光不是春聯，而是盛放了一棵紅山櫻，由於光的明暗，花的展枝妝點的一幅紅對聯兒！

那陣子常常讓人驚喜連連，晨出散步，總見東邊冒出一棵山櫻花，西邊冒出一棵山櫻花，昨兒個還寒樹乾枝，今兒個鮮花滿樹，生龍活虎了。白天去看花開錦簇，清晰燦麗，暗黑去看紅影一團，朦朧如夢。

緊接著，中庭那幾棵白桃紅桃也燦爛齊放，教人想起「一樹桃花千朵紅」、「桃花開在春風裡」的歌詞。桃櫻盛開時候，總叫我兒女們上來看花，否則，太辜負春的盛宴，花的殷勤了。

桃比櫻的花期長些，等到葉出花瓣掉，小毛桃迅速結成，粒粒滾圓，藏在枝椏宛如顆顆綠水晶。

前次婦協理事長陳若曦，率領祕書長及祕書三人造訪年長會員，送他們搭大南巴士回去，一路青山，密茂聚翠，若曦說，很像一山綠花椰菜，靈犀一點，所見一同，可惜翌年全球暖化，氣候異常，花出凌亂開不完整；去年寒流一波波，花期提早盡在風雨不停中，今春我們晤面，桃子大結起，看花之約，期待來春實現許下的承諾了。

再說說那樹葉吧。這兒的樹，全是初時開山闢地築屋留存的台灣植物原生種，有欒、楠、相思、青楓、欖仁等，大寒樹葉落盡，看出去天也空曠地也空曠，冬還沒完全過完，枝間紛紛爆出葉芽，綿密密像裹滿綠絨毛，過些天，密布的絨毛變成層層綠霧，轉眼之間綠漫紗窗，綠滿雙眸了。許許多多的綠色生命，變化之快全在你的不經意中。

暮春時山又變白頭，那是油桐花，它們兀自奔放，開得恣意，壽命比櫻還薄，僅一日花期便作死亡之舞，群樹新秀復生復出，前仆後繼墜落滿地、任人踐踏，完成飛花如雪桐花之美的神聖使命。

去秋的芒花還未枯萎，春天的羊蹄甲已萬綠叢中點點紅了；上年的青楓落葉剛結束，天氣轉暖的白袍子樹海又在風裡翻浪了。

花草樹木的興衰榮枯，與人生的青壯老衰相若。繁華的春天生機蓬勃，百花盛放有最好的景致，蕭瑟的老年體弱力衰，百病潛伏必須時加檢修，有大不如前的無助與無奈。

修修補補過一春，補補修修再一年……。

寫於八十八歲生日

民國九十九年六月文訊雜誌

看　花 兩則

吉兆之花

民國五十九年元旦，有幅攝於內湖眷宅後院的全家福。

當年，老母安好健在，三代同堂共住，丈夫勤奮重工作，五個孩子都在就讀中，最重要的，這天正是外子晉升將軍的任命日。

那時，生活條件簡單，黑瓦木門的房子沒有任何裝飾，用煤炭將水箱燒熱洗澡，用布幔擋光替代百葉窗。屋後稻田圍繞，有小山丘小水塘可爬可釣，門戶向陽日照充足，曝曬的衣物被褥，總是熱呼呼，香噴噴。

有一天，聽說鄰近農舍庭院的鐵樹開了花，於是，許多人前往觀賞，在我國俗諺中，「鐵樹開花」是比喻事情難以成功，如今聽見鐵樹開花，多想去一睹它的真面目，因此，平日少人走動的田埂小徑，這一天，滿是看花人的腳音。

那朵花，好大，是花不像花，似果不是果，圓溜溜，黃澄澄，像個特大號毬果。它不屬於炫麗亮眼型，而是堅硬外殼的碩壯形，四周葉片肥厚，有齒形葉緣。這天西南季風強烈吹襲，其他花木瘋狂搖曳，唯獨這個堅硬花球，四平八穩端坐其上，有股帝王之相。

圍看的人都在嘖嘖稱奇，驚喜連連地全神注視著這一大顆凝聚了日月精華，大地之母滋養而結出的奇異之花。

鐵樹是億萬年前就存在的古老植物，古人形容鐵樹開花六十年，表示花開之難，一旦花開視爲吉兆。

看完花，大陽曬得熱烘烘，瞥見農家後面種著一塊蘿蔔田，機會難得都想買些回家燉湯去去火。買的人太多，農家乾脆要人自己去拔，拔完再付錢，並指出，裸露出白白蘿蔔頭的都可採收，大家拔呀拔，聆聽泥土的鬆動和出土的聲音，嚐到另一種菜地拔蔬的驚喜。

那年夏，就讀政戰學校新聞系的兒子，進入報社學習，外子榮升少將調入金防部，我們已申請到華夏貸款，選好一幢透天港式樓房，就要搬去居住。好事連連，誠如鐵樹開花好兆頭。

飄雪的樹

很多年前，常到烏來泡溫泉，公路傍山上，一堆堆白花花的樹，總是向你眼前飄來，早年不識，猜想是生長在大自然的野花野樹，一年年，行走山間，看了即忘，忘了花開又重逢。

慢慢的，打聽到了它的名字叫油桐樹，知道了它們的身世：那是在太平洋戰爭期間，日軍爲了保養軍械，鼓勵農民大量種植油桐樹，低價收購油桐籽煉油供應需求，直到後來化學油取代了桐油，桐樹的經濟價值陡落，油坊紛紛關閉，任桐花大批飄零在山野荒地自生自滅。

多年以後，由於藝文家的美化，文化界的加持，企業人的贊助，客家庄的協力，形成一片桐花熱潮，油桐樹重新復活回甘了。

看吧，五月雪，桐花祭，多麼詩情畫意，桐花古道，油桐花徑，多麼適合野遊；又把桐花圖樣鑲嵌入衣飾、盤飾及陶瓷藝術中，又是多麼的創新浪漫！

幾年前，我也曾到土城去看花，黃頂白牆的承天寺廟宇前，擠滿了看花人。有的抱著小寶貝，或抱著小寵物，有的，帶著礦泉水，加上背包，同看滿山飄飄的桐花堆疊，緜緜油桐花的一片白曚。

油桐樹是本地本土的鄉土樹，是勞苦功高轉爲盛景的生命之樹。它們鞠躬盡瘁供人榨取煉油，如今受到千萬人的同遊共賞，它們的貢獻，它們的多值是無價的，難怪已訂定爲客家庄的一項重要節慶，真是當之無愧。

今年，油桐花開了又落。

明年，準時不誤，又將青山也染白……。

民國九十九年六月中華日報副刊

火辣的城・夢幻之河

從布拉格到匈牙利，在多瑙河東岸的布拉德斯拉發城停車用餐，並作觀光。它是斯洛伐克省府，也是貿易集散河港和通往西方的交通門。這天巧逢周日，商店打烊，居民不出門，也沒什麼車輛，因此，空城寂寂，祇有觀光客走動，踏破古城寧靜。

餐室在一條小街深巷，石砌老牆，拱頂門廊，跨上石階，見到又粗又大的栗灰色木樑露在外面，擺設著老榆樹做的木桌木椅，處處散發木結構的芬芳。

餐室看來面熟，一時又想不起，直到侍者端上茶壺茶盞，恍然想起中國古代的茶肆，就是這個模樣。

飯後作觀光，菩提樹夾道的濃蔭前方，有童話世界般的古城堡，橋柱頂有旋轉餐廳的大橋，河水悄然無聲地流淌。再往作曲家李斯特故居，因爲假日，祇能在故居百葉窗前留下一幅攝影。

隨後，又看了一會此地最熱鬧的商業地帶，據說，這兒是外國遊客熱衷的消費聖地。

再漫步到附近一個小廣場，一棵不知名的老樹蓊鬱蔽空，一座不知姓的塑像遺世獨立。

暑氣氤氳的午後，迎面緩慢走來一對祖孫，在樹蔭木椅坐下，女孩展開手中一本書，細聲細氣絮絮誦讀，老祖母瞇著眼聽得入神，率直之情，煞是動人。

集合上車的時間還早，於是，我們這幾個過客，也在涼蔭處一張長椅坐下，沉醉在夏日午後，充滿中世紀遺風的古城廣場。

再上路，經過大片綠野，大塊平原，約莫兩小時，抵達匈牙利邊境，這次通關最爲輕鬆，下車休息，還在關卡餐室喝咖啡，又在窗口換美金，休息過，簽證辦妥，開車沒多久，經過一處有住宅的地方，被水果攤那紅豔豔水蜜桃和李子，黃澄澄的杏和梨，黑溜溜的西瓜吸引而再度停車。其中最搶眼的，莫過於一串串火辣辣的紅辣椒，灼耀如火，而一把把大蒜頭搭配其間，紅白相映，如雪似玉。

嗜辣的湖南老鄉見獵心喜，取下一串紅椒，磅秤之下，竟比水果貴了許多。匈牙利由於地理位置的關係，歷史文化具有東西文化混合的特質，他們的傳統美食辣子雞和各種肉類的燉煮，也喜用大量辣椒和大蒜頭，是祖傳孫，母傳女，代代相傳的一道古老的家庭傳統佳餚。

買妥上了車，旁邊幾戶紅瓦綠籬人家，兩位老婦人正在花園拔草，見到遊覽巴士，隔著樹籬跟我們微笑招呼，似問客從何處來？我們探身窗外，送上口香糖和巧克力，起先，兩位老婦人似感意外，稍後，不勝欣喜接受了這份情意，笑得開心，我們也非常高興。

匈牙利不虧是個農業發達國家，大麥田浩瀚無際，玉米田一望無垠，亞麻地更是一目千里。匈牙利位於太平洋中心的中央盆地，土地平曠肥沃，耕地面積佔全國十分之六，主要農產品有大麥、小麥和黑麥、燕麥、玉蜀黍、馬鈴薯和甜菜、菸草，以及亞麻水果等，因此，在漫長的公路行駛，除了延伸不盡的道路，全被波浪翻舞的青紗帳遮掩了視線。

首都布達佩斯是個雙子城，市區由多瑙河切割，河東是佩斯，河西是布達，合兩城爲一城，以布達佩斯而名之。旅館在布達，從樓頭望出去，這個河濱城市新舊揉雜，今古交錯。聳立的現代建築一方一方高低層疊，舊昔的古典建築一簇一簇氣勢非凡，精美的大橋一座一座橫跨兩岸。

旅館的大廳內部和客房四壁，掛的畫框不是畫作，而是用一根根粗麻繩，綁繫出幾何圖形的三角狀或多邊形圖案，線條簡單，風味獨特，充滿了動感，滿含遊牧民族的粗獷不羈。浴室、盥洗間共兩大間，燦亮的化妝鏡前擺滿了瓶瓶罐罐，以及擦抹用的香水面紙，還有高級的進口衛具，令人產生粗細相映，奢儉互異的感覺。

晚餐在吉卜賽樂隊伴奏下，享用匈牙利餐，一列列長桌鋪著碎花桌巾和閃光燭台，一排排椅子就放在綠草地，當舞者在音樂節奏和擺盪的花裙旋轉中使勁踏步，震得台板咯咯響。

這是個充滿了浪漫情調的餐室，坐滿了來自世界各地的觀光客，燭光熊熊，歡唱聲聲，世界實在很小，天下原本一家。

匈牙利有許多值得一看的古蹟紀念碑、英雄墓和人物雕像，以及宮殿城堡，教堂寺院等，位於布達佩斯市中心的英雄廣場，其中有九個雕像繞著圓柱而建，他們是歷代的開國英雄，廣場面積大，是節慶集合的活動場所。

廣場四周設有許多售物攤位，最明顯的，還是萬紫千紅的水果攤上，火辣辣的紅辣椒，搭配著碧澄澄的青椒和無處不在的大蒜頭。

正如市區和一直到度假勝地巴格湖畔餐廳木屋木柱間，高高掛滿的一串串，一圈圈紅辣椒，宛如舞會裝飾的紅色彩帶，又如一聲「阿羅哈」掛上脖的繽紛花圈，總之這個城，豔絕絕的辣椒照眼紅，熱烘烘的太陽熾如火！

多瑙河沿岸還有許多得天獨厚的豐富資源一一百三十五種湧出的溫泉，自古以來便是天然水療有名的靜養地，吸引了世界各國的旅客慕名而來。而這兒的人也熱衷戶外活動，常見闔家出遊的旅行車，和野外搭起的帆布帳篷。他們喜歡日光浴，兩岸河床林地草坪上，總有許多赤身露體的男女，悠然仰臥曬著太陽，就是在這三十二度的夏季，照樣樂此不疲。

布達佩斯的餐飲，含有濃重的東方口味，無論是用蔬菜燉的牛肉湯，或是排骨，雞腿和鵝腿，醇厚辛香，很合脾胃。白米飯，甜餅等主食中，居然還吃到一次麵疙瘩，拌以肉醬、蒜瓣等配料，像是自家廚房端出來的那麼熟悉。

的確，匈牙利人具有東方民族的特性，他們的身上，流著東方人的血液和黃種人的血統，因爲，他們的先祖，原本是匈奴後裔，屬於黃種的馬加人，勇猛善戰，有遊牧民族的本性。

玩過漁人要塞、瑪蒂亞寺院、伊麗莎白大橋及名人巷，還有熱鬧的新城區，終於坐上遊輪，在多瑙河上攬勝。早在印象中，她是一條曼妙華爾滋旋律的夢幻河，是條源自德國黑森林，奔騰出黑海的兩千八百五十公里的長流，是發源西歐文化的幾千年大河，以及哺育了多瑙河畔十數個民族的這條河流，實則上，與一般普通河道相去無幾，河水近乎灰色，在藍空下泛出波光。觀光船穿梭往來，不時湧起水花四濺。

靜靜地觀賞河兩岸，看到許多建於不同年代的城堡、教堂。城市地標的國會大廈，直入蒼穹的圓圓拱頂，新舊建築的城區住宅，美麗非凡的座座大橋……圖畫般在眼前一一掠過。只是，藍色多瑙河出典在那兒？據說，多瑙河從未藍過，早已被工業污水浸染，廣納泥沙混雜成土黃色的河，真是這樣的嗎？

直到傍晚到山丘城堡看月，從山頂往下望，才看出多瑙河的變幻多姿。那座座橋樑上的炫酷繁燈，那滿空滿城的月色和燈火，把河水映成寶藍色，著上濃郁藍光。

喲！這才是真正的藍色多瑙河，是小約翰•史特勞斯當年用心靈譜出的詩的樂章，是筆尖跳躍的天籟之音，是藍光熠熠、姿影百態的夢幻之河！

自那時起，我一直留意著河岸兩旁活動的人，包括沐著太陽的本地人，卿卿我我的青年人，閒遊看景的旅行者……

或許，他們覺得這條河，是日常生活中的一部份，是流過城市的一條河，稀鬆平常沒任何特別意義。但在一個初次造訪好奇的觀光客眼裡，卻一點也不尋常，深思著大河的歷史滄桑。

她，曾是舊昔年代兵家必爭之地，發生過戰爭無數。她，是流經八個國家，多重語言的母親河，與這個古老民族有著密切關連：豐沛的水源，沃腴了兩岸大地和田園山林，出產了葡萄園的佳釀美酒，水果園的鮮美眾果；丰郁了沿岸各地的每寸土地，富足了源源不絕的農作物；遼闊的水岸，奠定了橋樑工程建橋史上的獨樹一幟。

而最最主要的，她造就了藝術才華音樂王國的最高巔峰。使匈牙利的街頭，處處留有李斯特、莫札特神童時期就發揮了驚人琴藝的永久紀念地。使音樂之都的維也納，經年舉辦大師們經典之作的相關活動，如音樂會、輕歌劇、華爾滋舞會、露天演奏會、多瑙河巡航會……

請聽聽：莫札特的優美琴音，舒伯特的琤琮弦樂，李斯特「匈牙利狂想曲」，「但丁交響曲」奔流跳躍的管弦樂曲，小約翰‧史特勞斯「藍色多瑙河」，「維也納森林」典雅華麗的華爾滋舞曲，在滔滔不絕的年代中，一如多瑙河的長流，繞經千年，光耀炫燦。

這趟歐洲中部之旅，印象深刻，縱然事過多年，但那兒的夏日陽光，滿處的紅辣椒，異鄉人所見到的景，見到的事，仍歷歷在目，清晰如昨，曾在我夢境中出現過，腦海中浮現過，思緒中想起過，琴音中回憶過。

是的，我一直忘不了那個陌生國度的原貌，以及那條夢幻的多瑙河，飄流河上的華爾滋……。

民國九十九年六月青年日報副刊

白蘭花樹

前次的「凡那比」颱風，把山坡一棵白蘭樹吹倒了。

那是一位芳鄰所種，一年多搬來前原本住郊區，鄉下地方大，種植不少花，新家容納不下紅仙丹、白纓丹、桂樹、大理花等大型盆花都送了人，只留一棵白蘭樹，將它種在山坡上。她很勤快，常常埋些打豆漿留存的豆渣和老菜葉放入土內當肥料，白蘭很快開了一次花，可是那颱風，竟把樹身連根拔起吹倒了。

風後，她挖鬆土，把樹身重新種下，木柱撐持，繩索綁牢，每天上去扶扶觸觸，如同一個母親探望受傷孩子。我對她說：「安啦！白蘭樹是生命力最堅強的樹。」

有天經過，已見白蘭樹枝枒萌發，綠葉抽長，正努力地仰首張望，我不禁讚嘆一聲，白蘭是最堅強的樹！

的確如此，我對白蘭樹經驗老道，體悟最深。

四十年前搬進中和景平路，母親從門口挑過賣樹苗的鄉人手中，買了一株芭樂，一棵橘樹和一棵白蘭樹苗，種在小院中。

院子地面儘是堆積的沙礫、泥少沙多寸草不生，經過一番去沙填土的整理，土雖還鬆軟也就種了下去，芭樂種在溝渠牆腳邊，橘樹種在院子正中央，白蘭花種在院門旁圍牆邊。

一年多過去，三棵樹各展其長，已與牆頭高，尤其是白蘭樹，已經高及層樓。那些年，兒子還住在隔壁公寓的三樓，有天孫女在窗口喊我：「婆婆，白蘭樹結出苞苞了耶！」

抬頭望，果然不錯，樹上已有許多尖頭頭，一支支冒出綠萼尖苞，在迎風帶露的枝葉間遮遮掩掩，欲隱還顯，欲藏還羞。

蓓蕾乍現，是最動人的情致，最美的事物之一。

只是，我家位於巷底邊界，長巷盡頭朝北風口處，缺少日照，加上兩頭對流的弄堂風角，颱風天的大風特別強勁、猛烈。

那年颱風來襲，迎風獨立的白蘭樹，首當其衝，難逃摧折的命運。

強颱把一樹繁葉吹得披頭散髮紛紛落，旁枝細椏刮得支離破碎吱吱裂，夜半的風旋雨瀉中，嘩啦一聲響，白蘭樹應聲倒，大地也爲之震顫。

風過後，把坍塌的大樹一節節鋸成段，殘枝敗葉把把紮，搬運又搬運，才把白蘭樹清理完畢。

一年過去，重又興起種樹念頭，於是，買樹苗，挖深坑把樹種下，從苗木到抽芽發葉，一年又一年，等待又等待，終於慢慢高過牆，超過簷，已與一樓並高了，等到開花，枝葉已竄伸到陽台，不須爬上牆用手就可採擷。

折下一朵、兩朵、四朵、五朵溫潤瑩潔的花，比取得一串、兩串的珠顆還感珍稀富足！

這一棵，仍逃不過狂風大作的命運而傾斜折裂，經過一番扶直綁紮，柱木撐持的急救，最後又見復活，重新茁壯。

如此栽栽種種，倒倒扶扶好幾回，最末一棵也是吹倒鋸短，重新埋下，復活新生的一段老樹根。是它，目睹我們一住三十多年，終將搬離，目送老主人一家人作最後一別的老白蘭樹。

前陣子看到電視台專訪花農的報導，他種的一片白蘭樹綠蔭四張，覆蓋好幾十坪的庭院，用矮梯架上橫枝，一忽兒工夫便採滿一籃，隔著螢光屏似能聞到花氣氤氳。

記得吾鄉江南，院裡種的大多是瘦葉疏竹、幾樹芙蓉，或是古樸玉簪花，再來就是萬年青、雞冠鳳仙花、薔薇等盆景，從沒見過種植白蘭樹。

但是，愛花的淑女們衣襟上戴著的，愛美的婦女們髮髻上插著的白蘭花，又是從那兒來的呢！

何處是盛產白蘭花之鄉？這一點，倒是一直弄不清楚的事了。

民國九十九年十一月中華日報副刊

沈默之海

她，就是沉默不語。

如海底石，沉沒無覓處，永不再發聲。

是發生在法國海邊一村鎮，二戰時進駐了德軍，她家正好有間母親已逝空著的房，被徵收作爲一個德國軍官的住所。

戰爭的紛爭，民族的鄙視，讓這個女孩，焚燒了一束剛從外面採回，想放亡母床頭的玫瑰，並發誓永不彈奏她心愛的鋼琴，極不情願的接受這個難堪的事實。

那軍人來住了，謙虛地脫帽致敬，自我介紹，請領路認識，連一句感謝的話還沒說完，碰地一聲便關門下樓了。

初到一天親切問過安，對祖孫倆說，他的晚餐會在軍部解決，請勿費心。過了幾天又說，他走邊門進來，你們的大門可以鎖上。

早晚來去，總找句話說：今晚海風好大，很冷冽！

有天氣候酷寒，他進客廳取會兒暖，說說他的職業是家族傳統，自己是個音樂愛好者和作曲家，喜歡福樓拜和巴哈……。

當然，這全是他的自言獨語，祖孫倆始終捧著書本，連眼皮也沒抬視。

聖誕夜，祖父外出，只她一人在家，酷寒難當，他又下樓取暖，並彈奏一首巴哈之曲，震撼的樂音流洩在溫暖的爐邊，他的眼神泛起了閃爍，琴音打動了她心。

彈完琴，男子慢慢站起來，走近她身後，深情地凝視幾眼如此多嬌的美麗倩影，說了一聲，聖誕快樂，便轉身上了樓。

他是個發乎情，止於禮的男子。

早晚，仍然殷殷頻致語。

她的心，確是掀起了情感的波瀾，有天聽聞他座車，已被救國軍放置炸藥，爲了救他，焦急地以琴聲拖延了他上車時間。引爆後，炸死了他的幕僚和駕駛。

次日，倖免於難的軍人，守在海邊，在獵獵朔風中，見她只購得瘦瘦幾尾小魚，無限憐惜想和她說聲謝謝，回應依然是靜默。

那天，她束縛不往心海的波動，偷偷上樓到房間，看完了他的家書，伏在整潔有序那男子的床上，擁枕入懷，不能自已。

時光匆匆，半年已過。那天男子道完安，並致惜別意，說要調往更酷寒的俄國。

臨行，女孩淚流滿面，衝出門去跟他作別，談了聲最初也是最後的一句話：再見，永別了！

像天空兩片雲，在長日將盡的天際隨風而逝，飄飛了，遠去了……。

穿條紋衣的男孩

也是發生在二戰期間。一個愛冒險，極單純的八歲男孩，是個軍官之子。

附近有個焚化爐，時時發臭味，孩子問父親，那是什麼味道？父答：燒垃圾！一天連他母親也說臭味受不了，那副官冷冷回答：這個，妳是知道的。

喜歡冒險的男孩，有天來到高爐旁圍著鐵絲網的一個地方，見到個瘦弱男孩坐在泥地上默默發呆，他好奇的問爲什麼不去玩？衣角上爲什麼有數字符號？

同樣是八歲男孩告訴他，他是猶他人，號碼代表身份，在這兒是不能玩，要做工。

於是，他們成了朋友。

有天，穿條紋衣男孩，在他家客廳幫忙擦拭派對用的一堆酒杯，他很高興，拿了片點心給男孩吃，被副官看到而責罵，並問軍官之子爲何給他餅？過於緊張的孩子撒了謊，沒給他餅，也不認識。

事後，穿條紋衣男孩，被凶狠的副官毒打一頓。

過了幾天，才見到被打得鼻青眼腫的男孩，他好後悔，懇求他原諒，要求答應兩人仍然是朋友。

一如往常，兩人又玩一起，偶而仍拿餅給飢餓孩子吃。

之後有天，那男孩惶恐失措告訴他，父親失蹤了，到處找他不到，急得不知如何是好。男孩爲了回報上回說謊之過，慨然答應幫忙找尋父親。

次日，網內的男孩多穿了一件沒人穿的條紋衣給他換了衣，挖了個小洞從鐵絲網下鑽了進去。

對它無比好奇的世界；他們混入了一大堆一大堆人群中推推趕趕，呵呵責責擠入一間室，一片紊亂，除了條紋衣，還是條紋衣。

這天正是軍官妻，攜帶孩子回祖父母家暫住，遍尋不著急得推開丈夫密室，丈夫怒責妻子不該打擾他們的會議，而這會議，正是魔頭討論午後焚化那一爐的決策時。

尋找中，母親的呼天搶地，丈夫的五雷轟頂，驟雨落傾盆，聲響駭翻天，鐵絲網前一堆孩子衣，被大雨擊打得軟垮垂塌，七零八落……

這兩部由小說改編的影片，它啓發著：人性並非絕對邪惡，也有良善柔性的一面。而戰爭帶給人類傷痕累累，生命仍然繼續延綿不絕。

民國一〇〇年元月中華日報副刊

陽光情事

深深一份情

我住的房子，面南座北，太陽一上升，便照滿半屋，欄杆外更是樹色青青，陽光亮晶。我的前屋主，調到南部，出差來北時，總不忘來看看我，早年是取她的信件，近年純然爲了看看她的陽光屋，以及愛屋及烏的我。

去年一整年沒來，上週又意外來訪，才知罹患乳癌，手術後整整半年都在養息。我對她說，乳癌發現得早，而且不必化療，自癒率是很高的，快活一點，心寬一點，定會健康平安的。

她是個獨立自強的職業婦女，堅強卻也有軟弱的一面，比如說，當年聽仲介說，房子賣掉她曾大哭一場，不捨住了多年的陽光屋。又比如說，有時也會暗示一下她的另一半，姻緣生活中，原本沒有誰對誰錯。

臨走她給我一個擁抱，讓我心裡感動，人在軟弱時，總有深深一份情，把我當成了家人。送到電梯，她要我也保重，下次再來探望。

進了門，斜陽入室，耀得西屋金光燦然。

有情天地有情人

年輕時與友約會，總是在南京新街口那家影院，寒天來到後，他總會說：妳的臉紅撲撲的，走累了吧？

可不是嗎，我從家裡出發，捨不得在大行宮搭馬車到新街口，一路曬著太陽，怎不雙頰變得胭紅？

他是個溫良謙恭的公務員，手裡提著兩袋采芝齋零食，邊吃邊看，另一袋要我帶給母親和弟妹吃。

晚上，母親在燈下做針黹，我把吃食攤開，邊吃邊把電影中的情節，一五一十講給她聽，把《浮雲掩月》主題歌〈莫忘今宵〉中記得的幾句：「……花是將開的紅，人是未婚的好……」唱給她聽。或是「青青河邊草，相逢恨不早」或〈夜半歌聲〉會唱的幾句唱給她聽。

那幾年，正在暗無天日的淪陷區，收入拮据，人心苦悶，生活過得清苦，伴著母親，守著陽光，冬天裡也有春天，過了黑暗等待黎明。

是明媚的陽光，激勵了人們的生命力，是臻美的光輝，溫暖了有情天地有情人。

在陽光下

多年前還住中和景平路，每週要到三總打一針「玻尿酸」，等車到公館下，再從對面直走到汀州路。那陣子正是晴秋天氣金風送爽時，從整排高樓的馬路走去，樓屋遮擋陽光，吹來的風冷颼颼，跛態必露的病腿亦感腫脹不適，心想畢竟秋涼，忙把毛衣穿上。

一轉身步入汀州路，一天一地的秋陽潑染了一身，閃爍閃爍的亮光耀得睜不開眼。身上暖了起來，疼痛減緩不少，人也精神了起來，連打針這回事也拋在腦後不記得了。

是的，人生低潮時有八九，身上痛楚難免三五，鬱卒也會來個一二，那麼，在陽光下走一段路吧！鬱卒自會消散，煩憂就會蒸發，疼痛也會舒緩。

陽光，就有如此寬宏寧神的力量！

向日葵

小時候對向日葵，有一份神祕感。

知道它大白天朝著太陽旋轉，晚上背光面的大花盤下，就躲藏著鬼，因此，覺得向日葵又美麗、又好奇。

老年人說著這樣的傳說：向日葵的大花盤，整天追逐著太陽，快樂的結出滿子房的種籽，太陽落山，花盤一個大旋轉，垂向了西方。晚上，沉甸甸，厚重重的大花下面，便會黑影幢幢，嘁嘁喳喳的鬼魂之聲，便從幽暗的空間勯動如風，飄送出來。

夜晚的葵花田是鬼的世界，沒人敢去走動的。

老人家如是說。

的確，向日葵是向陽特性的植物，終日隨著太陽輾轉不息，它代表了光明、無私、仰慕和友情。

俄羅斯、玻利維亞、祕魯等國，都以它爲國花。

也是美國堪薩斯州、日本九州的市花。

清高無私的向日葵，也是我國象徵教師的美麗花卉。

民國一〇〇年元月文訊雜誌

點燃紅燭第九支

好友畢璞在電話中說：上周有天電話沒人接聽，有些不放心，畢竟我們都年老了呀！

畢璞比我大一歲，她算實歲，我算虛歲，因此，習俗不作興過「八九」，就一跳跳入九十了。

老了，不能逞強，原本，風雨無阻，天寒天熱總會出門散個步，夏季天光亮得早，四點半出門天色已透亮，冬日晝短夜長，六點出門天只濛濛亮，走路半小時，神清氣爽。

今年台北特別冷，便聽了朋友勸告，有心血管毛病的，天冷最好別出門。

上周到醫院作預約門診，血壓高過一六〇，低是九〇，再看上周的抽血檢驗，血脂血糖也偏高，於是，必須加添一顆降壓藥，並囑飲食要清淡。

我問醫生，如果血壓已正常，還得多吃一粒降壓藥嗎？

他耐心回答，吃完這冬再說罷。

俗話說：「樹老多洞，人老多病」，人一老，不該來的病都來了，比方說這陣子一直鬧腸胃不適，甚至還須作腹部超音波，以及大腸鏡檢查，而吞嚥系統也不同了，開水吞多些，食物嚥多些，甚至嚥口水，往往也會引起嗆咳，而飯桌下地面上，又常不自覺地掉落飯粒菜屑，動作遲鈍之至，真是無可奈何。

曾在報端看到過，健康老人要十快，例如：說話快，走路快，吃得快，便得快，睡得快，做事快，記性快，反應快……，做到其中三、五項，自是不錯的健康老人了。

過了八十多回一年四季，迎過八十多次冷熱寒暑，穿過八十多年雲煙，走過三萬多天的人生步伐，也吹完八十多趟生日的小紅燭……，說來真是走過迢迢漫長路了。

在我襁褓時，定在吳興老家和烏鎮外家，受過祖父母和外公外婆的呵護，抱來抱去無限珍愛。五歲半解事後，坐了篷篷船遷徙常州，輕輕悠悠的水聲蕩漾中，走出浙江來到江蘇。

小學六年，受師長教誨，編織過少年的夢，也曾在抗日運動中，熱烈響應購機捐獻，看過愛國影星們，在街頭公演抗日話劇的滿腔熱忱，感動至深。

災難還是平地起，這期間，人們流離失所，烽火連天，我們逃在長江對岸的深山躲避日寇。一年多重回淪陷區，讀完二年書，爲生計家計，離家到揚子江畔的鎮江做了事，度過最短暫，也最蹉跎，最寶貴，也最黯淡的青春歲月。

廿五歲結婚生子，又在一次大時代浪潮中，遷徙來台灣，渡過一生中的大半輩子，養兒育女，相夫教子，甜酸，苦辣，悲歡離合，直到盛年過去，自己慢慢老去。

這是人生的定律，一生逃不過的同樣路，結的同樣果。

最後，從生活舞台退場，新世代後繼而綿延不絕……。

我就是這樣走過來的，說來不過如此。但一生平凡中，也有些絕美的舊事舊夢。

那就是：我曾看過最先進文明的頂尖建築；到過東、西歐和大陸故國的大都會小鄉城；嚐過法國大餐，俄羅斯魚子醬的美食珍饈。談過如詩如幻至情至深的幾回愛戀，享受過半世紀慈母陪伴的幸福日子……。

拜醫學進步之賜，到目前爲止，牙落有假牙替代，步履蹣跚有拐杖助行。此刻，聽、視、嗅、味等官能還未十分減弱，顛三倒四的老人痴呆也還沒來報到。

在這紅燭點燃第九支的生辰前夕，但願雲淡風輕，閒適自在，月常圓，人常健，明天過得會更好。

民國一〇〇年三月中華日報副刊

大樓夜未眠

如要就診、檢查，就住我兒子家。

這是爲了便利，他家到醫院，僅僅三、五站，開車數分鐘便到。

因有兩天安排了檢查，於是在他家耽擱一晚，換洗衣物、小收音機，心血管藥、牙刷牙間刷全帶齊，唯獨缺了一顆鎮靜劑，心想不會那麼巧，會失眠。但好巧不巧，正好碰上。

這晚躺下已兩個小時，仍沒一絲睡意，暗忖遲點睡著也好，明朝不必透早醒轉。

又去上了洗手間，對面樓頭的油煙機響起，油鍋嗤嗤，吹過來肉絲芹菜味，接著透出來肉末茄子香，該是魚香茄子吧。這個主婦好體貼家人，替晚歸的先生孩子細心地準備菜色，芹菜降血壓，茄富維生素P，都很營養。

過好久，浴室開了通風機，燈光燦亮，水聲嘩啦，浴罷，水聲歇，燈光滅，全家安靜了。

誰家的孩子睡得好晚，子夜了，還在呼他父母，要爹檢查要參賽的作文，問媽運動衣放哪兒？一陣張羅，終於熄燈就寢。

這時，馬路上車聲靜不下來，仍在喧囂不斷。一陣狗吠從遠樓傳來，那兒叫一聲，這邊回兩聲，似在喃喃對應，互通訊息，這是牠們的夜半私語時。

不久，淅瀝雨聲響起來，東邊遮蓬滴滴答答，近處樓台卻是悄靜靜，奇怪，又不是夏季陣雨，東山下雨西山晴？隔了好一回，這兒遮蓬同樣響起滴滴答，滴滴答。

寂寞夜雨，該沒幾人聞。

再翻了身，快快睡吧。遠遠，救護車警笛嗚啦嗚啦漸行漸近，夜裡聽來格外驚心。十六年前，我也坐過救護車，急急奔馳到醫院。那是民國八十四年，健保剛起始，因爲發燒不退，到長庚就診，證實是腎盂炎，便抬上救護車直奔林口。

那天，台北的天空很藍，兩側的老樹枝葉翠綠，是個芸芸眾生忙碌的工作天，我卻躺在救護車，嗚啦嗚啦在市街揚長而過。

陪送的是我大女兒，雖嫁人卻住我隔幢，與女爲鄰多年後，她全家移居加拿大，相聚已隔遠山大海，直到她埋骨異地，從此天各一方，空中也不相通。她的孝心貼心，讓我深深體會母女情緣，最要寶貝珍惜。

翻了好幾次身，指針又繞完兩大圈。怎奈往事紛呈，神思依然天馬行空，近在眼前的大事小事，遠在天邊的瑣事碎事，走馬燈似的轉來跳去，奔騰個不停。

一大清早起來，身有千斤重，頭痛欲裂，眼皮酸澀，精神恍惚，失眠之苦，苦不堪言。

其實，我是備了藥，不是鎮靜劑，而是醫生開的，促進末稍神經血液循環的一顆小小膠囊，並不勉強每晚服用，醫生瞭解我不喜吃藥的敏感體質，讓我隨機應變。

只是，這天就是忘了帶。

大樓夜未眠，想了一宵舊日夢，儘管全都煙消雲散，隨風流逝，但也只能用相反角度看，未嘗不是有失也有得，得來許多以往今來事，尋回不少塵封桑海事，在這高處不勝寒的大樓裡。

民國一〇〇年四月中華日報副刊

「牠」

見到牠，就會戰慄，嚇出冷汗。

牠，纖細修長，綿軟無骨，不說，你也知道了。

這東西，很少碰到，但上月底偏偏遇上。這是在社區噴洒過消毒水，農曆五月十七的月色燈光下見牠爬上三樓圍牆。

首先是條草繩般垂掛在矮牆（三樓有瓦斯管裝置築有牆）再是尾巴鬆脫落在牆邊，藉著月色燈光看見牠，心一凜，彷彿空氣都凝結在那兒。

社區佈告欄公告著：住戶如發現蛇類，可通知保全前去處置。但在這一大清早的天未破曉時，最好不要驚動人，驚動牠，讓牠安靜離開，回到樹下的洞穴。

另一方面，我要叮住牠，怕牠爬到咫尺之隔的洋台上。拿著掃把，啪啪啪地敲打，噓著，吼著……

那堵牆連接大樓的磁磚外牆，下面完全幽暗，因此已看不真切，無法追蹤，不知隱沒到那兒去了，只是在我眼中，仍浮昇著牠的黑影，緊緊攝住我心。

「牠」，是百多種爬蟲類最醜陋、噁心、長相不雅的生物，其實，我的膽子算是夠大的，曾經硬起頭皮打死過蜈蚣、蟑螂、老鼠、大蜘蛛，唯獨見到牠，心跳加速，神經緊蹦，杯弓蛇影，夢魘不斷。

活了大把年紀，見到牠，僅僅四次。

頭一趟是年幼時在老家，有天，客堂一幅字畫旁牆上，無聲無息爬著條可怕長蟲，見人立刻攀附窗格子朝外遁去。正巧這時，外面門聲大響，郵差送來一封快信，信上說：祖母病危，促爸速歸。

莫非牠是來通報訊息？因此認爲牠是惡運徵兆的不祥之物。

第二次碰見是逃難在山區。那年冬，躲過風聲鶴唳的鬼子兵入山，熬過嚴冬暴雪的苦日子，直到冬天過去，天氣轉暖。一天清晨，母親帶我們到林地挖筍備作佐食，摘了一籃沾露帶泥的毛竹筍回來，剛要踏進茅屋，裡面竄出一條全身硃紅斑紋的東西，沿土牆鑽入亂草叢。

倒退閃身的我們，嚇得驚魂未定，母親說，這是條「火赤煉」很毒很毒的，真是天保佑，如果昨夜誰被咬到，窮山沒中醫，惡地沒醫療，那怎麼辦？

最恐怖的一回，是住內湖眷區時，有天午後，我在後院走動，大溝渠外一大片稻田，稻浪齊整，無風自動，眾多蚱蜢彈跳如飛，把稻葉擦響得淅瀝如雨。

看得出神，不知從那兒爬出條東西近在腳邊，本想閃躲，可是不知那來的勇氣，抽出晒衣架一根短竹竿舉起朝牠戳去，不偏不倚正中腹部，卯足全力使勁的戳，用力的刺。

此刻四下無人，鄰居都在午睡，隔很久，力用盡，那東西還在交纏扭動，當時嚇昏了，不知如何應付。等了半响，田埂那端終於走過一位老先生，過來幫我鬆了那竿子，喃喃說聲「阿彌陀佛」，將牠撩入大水溝，看著牠逐水游走。

「這個地方，黏土泥味重，蛇很多。」他又說：「人怕牠，牠怕人，牠不犯我，我不犯牠！」慈悲老人，這樣勸導。

屈指已是三十多年的前塵往事了。

這次又與牠在明暗不定的朦朧中打了個照面，來無影，去無蹤，結果行蹤不明，沒個究竟，害我怕牠再度潛入。

這段時期，我把後洋台門縫用毛巾塞了又塞，每扇門窗的插銷扣緊再扣緊，不留任何縫隙，防患未然，滴水不漏。

不知什麼時候，才能走出陰影，將「牠」完全忘掉！

民國一〇〇年八月中華日報副刊

秋之末

近日來，日頭短了，夜變長了，窗外欒樹葉子已經第三變，從鵝黃、棕褐、赭紅而結蒴果，節氣時令也進入一年第三季，清秋、金秋到晚秋。日子過得飛快，像奔像跑，永遠抓不住。常常，把日記寫成了週記，兩天併成一天用。健康方面，也是今天看牙，停服三天凝血劑要去拔掉；上週看眼科，視網膜黃斑部有病變；上月電子掃瞄血管阻塞了，不幾天腸胃又不適，看醫次數增多，一如晚秋的清冷增濃，秋末的蒼涼加深。重陽節從報端看到百歲人瑞的報導，甚多百齡老人，從沒使用過健保卡，身體硬朗沒病痛，頭腦清楚記性好，這真是非凡之福，是特殊而非通例。

步入老年，常有失常之舉，去年，第四台電話來催繳半年月費，我說已繳收據也有而不予理會。兒子剛好在家知道後，明知沒幫我繳過，替我繳掉了事，我還怪他重覆繳交說他傻。直到有天無意中發現那單據，是寄來的一張第二次繳款通知單，根本不是收據，但是，爲什麼那張心目中的收據，印象那麼深刻，那樣肯定鐵定呢？

還有一件事，錯得好笑。我的床前和枕邊都放著台收音機，有晚，枕邊小收音機開關壞掉，頻道轉動始終停留在原地，心想要等兒子回來再說了。

於是聽了一整夜音樂，新聞和廣告噪音，翌晨起來一檢視，音響來自床頭那一台，枕邊小收音機已經沒有了電池。

除此以外，常把孫輩的名字叫錯，兒女的生日遺忘，要表達的話語說不清，要做的事拖延忘卻，某些場合剛介紹過的人一轉身便忘了他名姓，一樣東西遍尋不著回頭就在燈火闌珊處……

還有，第二天忘掉第一天的事，細瑣遠事卻記得清楚……

還有，夏天睡前以為東西已冷藏，結果飯菜壞掉了。冬天裡躺在被窩看壁鐘，把三點半看成四點半，透早就起來……有天一覺醒轉，月光滿房，端想倒底吃過午飯沒？這是白晝還是夜晚？模糊不可知……

諸如此類的現象，懵懂也好，迷糊也罷，實則都是老化所致，衰老的預警。

現在唯一的希望是，體力這部老機器，還能發揮作用，多用些時，儘管機件老舊，加加油，潤潤色，仍會持續驅策，啓動正常。

也希望肢體這輪老單車，上下行馳，踩踏順暢，即使鍊條斷掉，剎車不靈，換換新零件，又能輕輕踏，快快滑，用上一陣子。

還有，頭腦這張大魚網，縱使千瘡百孔，纖線破裂，繩索老舊，還是可以綴綴補補，管用一段時日，在大海中撒網，煙霧裡尋魚蹤……

民國一〇〇年十一月中華日報副刊

有鳳來儀

有風吹過。小樓頭滿窗檻光影婆娑，閃影如花，不知那花非花，影非影的，是什麼東西？電視主持人一時會意不過來，剛好有個人經過，問問他，那是什麼。

那人抬眼望了望，搖搖頭。再向旁邊男生宿舍，正在用功的同學一探究竟，男生愣了愣，搖頭說不知道。也難怪，匆匆路人，青青學子，誰去注意別人窗口的細微小事？

疑惑終於找到答案。客視節目「走訪全世界」的拍攝鏡頭一個掃瞄，捕捉到一堆女學生，蹲在河邊洗衣物，嘻嘻鬧鬧洗完，端起面盆回宿舍，上樓，朝向窗檻鐵絲網扯扯拉拉，東戳西塞，圓孔孔塞滿，便是花非花，不知何物的東西了。

原來如此，女生每天換洗的白襪，塞在鐵絲網圓孔，真是方便又取巧的曬法，看了令人莞爾。

古拙純樸的鳳凰城，還有城牆曬被的一景，一方方棉被曬滿一方方城垛，像擺在天空下一張張棋盤，一件件壁飾，一個個銀幕，真是有趣極了。

拍攝鏡頭又轉向另一處，櫛比鱗次的層層屋脊，豎立著鳳凰造型的瓦當，旁白的記者問一位婦女，屋頂上的鳳凰，是代表什麼意思？

婦人回答：「登得高，望得遠，鳳鳥朝陽呀，它是最吉祥的鳥。」

位於湖南湘西的鳳凰城，也是從夏商殷周直到至今的千年古城，彷佛江南水鄉，所不同的，江南地勢平如掌，流淌的是長江水，鳳凰縣城多丘陵，流著的是沱江水。

城裡不少巷子，屋比路高，每個巷口都寫著「此巷不通」，這又是怎麼回事呢？如你不信，只管踏上磴磴石級，上去就是江水，往下走真的沒路可通，無法行走了。

而古老的吊腳樓也是獨特的風采。木質結構的吊腳屋，一小半架設在江邊斜坡，一大半在水上方，清早起來，就把大門敞開，掀開屋內板子，就是偌大的沱江，逐水而居的水上人家，一天勞務就在上面勞動作息了。

的確，古城很美，沱江依著城牆湲湲流淌，山影映入沱水輕輕盪，年代雖已新，古意仍舊在，樸實的居民有著淳樸的心靈。

電視影像又拍攝到一輛手推板車，裝滿磚瓦石塊，從底下的街，推到上面的路，要棄入收集的車。陡的坡，斜的路，推得好費勁，這時候，一個學生模樣的女孩迎面而來，立刻上前去幫忙，終於慢慢推到上面的收集車，傾倒後，車伕舒了一口氣，繼續他的活。

看了這幕助人爲樂，自動自發的年輕人，深感古城民風好可愛。

其實，就是來自周邊各地到縣城來唸書的中學生，當電視記者問他們的生活情況，都很知足目前的在校生活，一個個眼神，散發出喜悅的光，他們專心向學，活力充沛，是希望的新生代，扮演了極爲重要的角色。

這次雖不是親自來去，僅在電視螢幕上認識關於古城一些粗淺印象，但也窺探了些當地人的生活狀況和鳳凰風光。那兒是沈從文先生的故鄉，《邊城》故事的背景地，鄉土文學的起源點，人傑地靈，充滿傳奇。

一如古城的潛力無限，沱江的滾滾長流，寧靜祥瑞，有鳳來儀！

民國一〇〇年十二月文訊雜誌

寂寞山居

天空是靜的，地面是靜的，樹也靜，樓也靜。

有時，真想看見一個人影，有些能夠動起來的東西（車子除外）但是，一整天就是沒什麼人，要等到外出的住戶，坐著稀少的公車回家時，才見一些乘客穿過樹林，走下斜坡，手裡拎著包包的行人，還有些背著書包放學回家的學生，這才有了人氣，也有些上坡去搭車的人，見到了山坡上走動的人跡。

太寂靜，也覺孤單寂寞，很想與人說聲話，打個電話聊聊，轉念一想，別人也有忙碌的一面，到學校接孫子放學回家啦，正在打盹啦，在運動筋骨啦，正在欣賞影集啦……不忍心這時去打擾，也就作罷。

於是，只能看山看樹，聽汽車、機車遠遠飛馳而去的聲音，或重新扭開電視，翻開報紙，毫不專注的打發時間。

年後友人來電說聲新年好，關切地問：

「最近好嗎？出來玩過嗎？在山上怎樣解悶呀？」

我說新年初幾天，住在兒子家，天天雨淋淋，濕答答，到那兒去玩呀，年將過完，又回山上過平常日子了。

山上日子寧靜寂寞，唯一不平靜的是山上的風，這兒的風十分猖狂，是變奏的，風起時，會噓噓叫，像尖哨，像狗吠，門窗吹得砰砰響動，花盆吹得東倒西歪，走在每一個風角風口，衣服颳得獵獵響，頭髮飛得蓬蓬豎，風在身後猛力推，使人腳步踉踉蹌蹌，非得扶緊彎道上的長欄杆，人才安全。

颱風天更加恐怖了，獅吼虎嘯，颳得天旋地轉，像要拔起整棟建築。大塊玻璃吸吸推推，鼓鼓脹脹，搬沙發頂，抬書桌撐都沒用，風要把人吸出窗外，捲入亂流。

每當強颱發佈，就往兒子家避，風一過，心繫風後的家，趕緊回去收拾善後，發現中庭枯梗亂枝，紗窗空盆落了一地，還沒進電梯，心就蹦蹦跳，預想電梯間滿是紙張濕物，從各個門縫溢出。想像客廳破壞得面目全非了。直到進了門，見門窗無損，屋況無恙，除了前後洋台落葉滿地，一切安然完好，這才鬆了口氣，放下了心。

山居太安靜，太驚心。但有時倒也可以享受一些自然樂趣，比如說，春有桃櫻看，秋天楓又紅，夏有自然風，冬有太陽晒，自然風勝過空調機，冬陽有錢買不到。

還有，還有，月圓前後與一枕月光同眠，油桐花開與它相看兩不厭……

是的，夜晚月兒高掛的床前光，四月油桐花開的一片白，也覺是種幸福，填補了寂寞，充實了日子。

民國一〇一年三月中華日報副刊

輯二：懷舊

懷念老電影

人到老年，觸動舊事，腦海瞬時揚起當時情境，不管過了七十年，還是八十年，依然歷歷如昨，清晰如水。

日昨看到一本老畫冊，其中有二、三十年代的京劇與電影，那許許多多隱沒在時間銀河裡，一度放過璀璨光芒的老牌明星，全從記憶深處翻尋而出，如二十年代的張織雲、宣景琳、楊耐梅及紅極一時的阮玲玉、胡蝶等，都是跨越默片，到有聲電影世紀之交的熠熠明星。

擅演悲劇角色的阮玲玉是二十年代末、三十年代初期影壇上的紅星，主演過「一翦梅」、「古都春色」、「野花閒草」、「新女性」等感人電影，最後也在「人言可畏」感情世界中結束生命。

又一個胡蝶，十多歲便考入電影公司，以自己的努力，從默片「火燒紅蓮寺」開始，又從一人飾兩角新創舉的「姐妹花」到「歌女紅牡丹」、「啼笑姻緣」、「脂粉市場」、「自由之花」……，獲得了電影皇后的美譽。

那時的題材，都屬於封建思想，走自由路線的影片，像梁賽珍、黎莉莉、談瑛、黎灼灼及後來崛起的王人美、陳燕燕、袁美雲等等，都演過十分生動的這類國產片。

稍後，鄧波兒、金焰、高占非、鄭君里、趙丹、金山、陶金……等性格演員，在七七事變爆發前，抗戰電影「八百戰士」、「血濺寶山城」、「風雲兒女」、「塞上風雲」、「桃李劫」等影片，不知鼓舞了多少熱血青年投身抗日救亡運動，記得由袁牧之編導的「桃李劫」插曲「畢業歌」，中老年一代的，都唱過：「同學們大家起來，擔負起國家的興亡……」。

抗戰爆發後，上海影壇拍攝又唱又演的電影，如周旋、李麗華、龔秋霞等影星主演的「天涯歌女」、「馬路天使」、「古塔奇案」、「四月薔薇處處開」……等電影插曲，早期由留聲機播出，稍後才有唱片公司灌錄，由電台播放，那時的電影院流行歌曲，曾風靡了幾代人。

另外，由趙丹、白楊、金山、陶金等主演的「八千里路雲和月」、「一江春水向東流」、「天亮前後」、「十字街頭」，都是取材艱苦的八年離亂，有血有淚，感人至深的寫實片。

直至民國三十六年間，新秀接踵而至，王丹鳳的「青青河邊草」，藍馬的「萬家燈火」，劇情浪漫唯美，插曲詩般縈迴，可惜內戰又起，影業從此一厥不起。

於是，便專看一向偏愛的歐美片：「鹿苑長春」、「玉女神駒」、「魂斷藍橋」、「自君別後」、「鴛鴦重溫」、「石斧」、「福爾摩沙探案」及俄片「太虛幻境」……。

猶記觀看二十年代的默片電影還是小時候，那時，每當吃過晚飯，涼風拂面的夜幕將垂前，一家人穿巷過街到公園去看露天電影，那是由徐琴芳主演的「荒江女俠」，後來是胡蝶的「火燒紅蓮寺」，都是續集再續集，有時去遲已無座，就繞到布幕後面看，好好玩，景物是倒轉的，簡單的說明文字也是反的，風襲布動，畫面飄飛，人影晃動，但是，這也沒關係，武俠英雄兵刃劍影的寒光森森，和尚廟裡十面埋伏的機關重重，看得入神又刺激。

隨著時代進步，發展到有聲電影了，大家都到戲院看，日夜兩場，入內購票，收票員遞上一張說明書，正面是本事，背面是廣告，登的都是金龍牌香煙、明星花露水……，上演前打完廣告，接著正片登場。

電影題材廣泛，讓我認識了外面的大世界：現實生活中的悲與喜，人生遭遇的苦與樂……。上了高小，看電影的機會少了，而家道中落，已捨不得花費在娛樂上。

只是，有年搬家，搬到一個有戲院的街區對面一條小弄賃住，又與電影結了不解緣，縱不能至，心浸潤之。

那時正在上演陳娟娟的「苦女流浪記」、錢蓉蓉的「壓歲錢」，對白與配樂，總是隨風飄盪而來，仔細傾聽，一些些話語片段，一些些奏鳴起伏，也能猜出些微劇情故事。

有年夏天，正是地藏王菩薩佛誕，晚上家家都在天井磚縫中插香敬拜，那晚正上演「天倫」，當歌聲隨風飄來——「奮起吧孤兒，驚醒吧迷途的羔羊……收拾起痛苦的呻吟，獻出你赤子的心情，幼吾幼以及人之幼，老吾老以及人之老……」，佇立在煙霧迷漫，香炷滿地的小窗前，邊聽邊流淚，也不知是煙薰還是感動。

還有還有，「漁光曲」——「前面迎來了大海風，煙雨裡飄飄等魚蹤……爺爺留下的破魚網，小心再靠它過一冬」。

還有那悲涼的「夜半歌聲」——「空庭飛著流螢，高台走著狸鼪，人兒伴著孤燈，梆兒敲著三更……姑娘呀，只有你看破我生平，理解我衷情」，這是一個爲愛被毀容的電影故事。

當年抗日風起雲湧，影星們全都走出水銀燈，下鄉宣揚抵制日寇侵略，鼓舞全國民眾的敵愾同仇。對面戲院來了一批男女明星，公演話劇「怒吼吧，中國！」，那天放學經過，也擠入戲院外爭看明星，當散場後，影星們步下鐵柵外石級，用微笑揮手致意，影迷們都像中了巫術似的張大口、睜大眼，揚起前所未有的歡樂聲，期望這一瞬永遠凝止在，無窮盡的一瞥間。

如今，老歌、老片，看老明星的歲月已渺，往事如煙。祇不過，只要一碰觸，歌聲仍然盪漾而來，只要一閃掠，影像重又返回昔日，真箇是：依依稀稀，回不了頭的舊年代，波波盪盪，生命如曲的老世代呵！

民國九十七年七月中華日報副刊

〈作家私房菜〉

百頁包肉

鹼水泡，清水沖，是百頁包肉兩大步驟。柔軟適中，不油不膩，添襯配料，是百頁包肉的處理方法。

江南人喜愛豆類製品，灼泥豆腐、蒸臭豆腐、火腿煨干絲、麵筋鑲肉、辣子醬丁、素什錦……材料都是豆製品。

而百頁絲炒雪裡紅、銀芽百頁、油豆腐細粉、百頁結紅燒肉、醃篤鮮、雞火湯……百頁皆不可缺。

百頁不泡軟，皮子硬繃，泡得稍過火，肉材會露餡。

這是母親傳授下來的家鄉味，忘不掉她做菜時的慈愛巧手，將數刀百頁，燙得不溫不火，包得長短齊一，放入香菇三五朵，金針黑木耳少許，微煎後加水煮到湯汁收乾，就成一道簡單質樸、清淡可口的鄉土菜肴。

民國九十八年二月文訊雜誌

99　百頁包肉

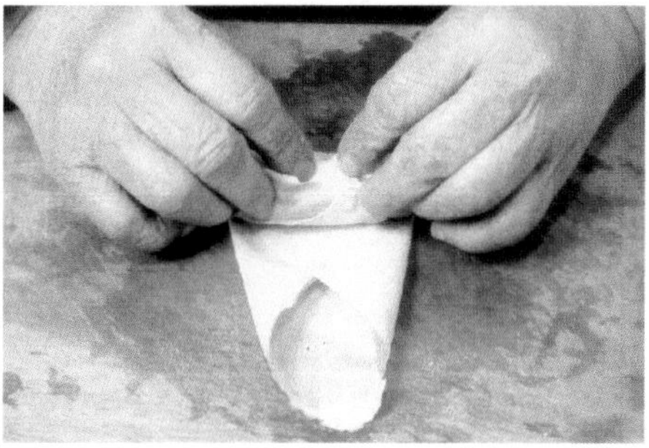

媽媽手中菜

日前看電視，有個頻道正在播出料理節目，這類大同小異的節目，平日多半不太愛看，但那天看到是位白髮老人，正在示範做麵食，而且面貌似曾相識就看了下去，原來，她是節目主持人徐乃麟的八十歲老母，被邀上電視台，正在做水餃鍋貼呢！

在緊湊時間中，老媽媽抖顫顫地忙於調料、揉粉，兒子很孝順在一旁替她加加水、擀擀皮、撈撈餃、扣扣盤，那份母子情誼的互動，赤子之心的照拂，以及品嚐時的欣喜與滿足，令人感動。

示範中的老媽媽，十多年前曾在東區延壽國宅和她玩過一次牌，那時候，女兒家住民生社區，舍妹亦住那兒，因此常到她們家作客。有天舍妹帶我到國宅朋友家，玩了次平常打得很少的麻將牌，另一位是從附近過來的老太太，正好四人湊一桌。屋主介紹說，她是徐乃麟的媽媽，兒子很孝順，顧家又愛妻小。

這位初識，長得清癯健康，神情愉悅，祇是她的頭總是不由自主的微癲、顫抖。那不久，才看過凱瑟琳・赫本與史賓塞・屈塞合演的「金池塘」，那是描寫柔情如水、鰈鰜情深的溫馨電影，片中女主角，從年輕紅到年老，並得過三回奧斯卡金像獎的大明星，她的頭也無法抑制，不由自主的抖動、抖顫著，有一種家鄉俗稱「癲頭風」的老年病，因此，對這位初識的牌友，印象特別深刻。

顯然的，這位媽媽比十多年前老了許多。歲月催人老，這原本是生理循環的自然現象，何況，歷經多年的辛勞，經過歲月的沉澱，人已近黃昏，不老也難呵！

她是眷村生活過來的主婦，有一份堅強性格，丈夫常年在外，自己負起教養子女的責任，而平實無華、知足常樂也是眷村媽媽特有的生活態度。

那年代，公家還有米麵、黃豆、煤炭的配給，左右鄰居省籍各異，北方家庭，慣吃麵食，可以做出花樣繁多的各種食物，香噴噴的烙餅，蔬菜香的韭菜盒子，熱騰騰的包子饅頭，爽口簡單的炸醬麵，或是把所有剩菜放入鍋的麵疙瘩……，許許多多的好麵食，飽足過一家子大大小小的胃。而南方太太米食時候多，滷一鍋豆干，燜一鍋黃豆，弄一次蔥薑鋪底的油酥小黃魚，炒一盤毛豆百頁雪裡紅……，那許許多多家常菜，撫慰過無數孩子們童年的心。

一年年，各家由清苦到小康，第二代也從年幼到成年，大部份成器成材，包括作家、藝術家、名導播、名藝人，以及傑出的教授和政治人物。就像這位知名藝人，最能懂得擁有的幸福，請來老媽上上節目，秀一下她的美味廚藝，讓天下子女，同享一份媽媽的好滋味。

的確，歲月在變，把人磨老，但不變的是媽媽的菜，歷久彌新。即便第二代的事業已有成，兒女已成行，他們走遍天下，嚐遍美食，還是忘不了媽媽的菜。

就連孩子的孩子們，回到姥姥家、回到奶奶家，也不忘外婆或奶奶的好手藝，指定要吃姥姥、奶奶的菜，吃小時候回老家吃過的難忘的菜。

那些多是簡單的食材，普通的菜餚，但是這類平常菜，餐廳吃不到，沒有媽媽的風味，沒有家的味道。

媽媽手中菜，不論是下一代或隔代，充滿著親情的呵呵護護，永遠是夢中的美味。

媽媽的菜，不論是簡單或平凡，滿含著成長的點點滴滴，永遠是幸福的佳餚！

民國九十七年十月青年日報副刊

水鄉童年

五、六歲時，常跟母親回烏鎮作客，總覺得那河鎮很清爽，好安靜，河岸的楊柳風很舒適，腳下青石板很白亮。

那兒老輩人的生活習慣，早上喝早茶，飯後先午睡，起來玩小牌，好得家人都懂些，時間一到就可上桌陪著玩。往往，母雞生了蛋咯噠咯噠聲聲叫，慢慢來，等回撿，日久育出一窩小雞鷄，才知漏撿了草叢某個籮筐的蛋。

傍晚時，叫賣五香花生、蘭花豆的小販喊聲漸遠，勿急，等下還會回轉來。日子就過得這樣悠閒、隨興。

外公常帶小輩去茶館，叫給我們的點心是燒賣、鮮肉粽，他自己吃蓋碗茶，掀開一條縫，茶香便四溢，熱氣沸騰，潑落潑落啜飲之聲在茶館此起彼落。他不吃點心，回家再吃外婆準備好的燙粥，有他喜歡的香椿拌豆腐、毛豆炒雪裡紅、皮蛋、腐乳、油炸燴……。

喝完茶出來，夜粥店上了門板，他們做的是夜生意，賣湯糰湯包，清粥小菜。羊肉鋪正在處理宰好的羊，半夜羊嚎沿河聽得見，燒羊肉時香氣也滿街。

走在街上碰到人，第一句話就是：「吃茶了沒？」

這時最忙的是搖船過來的鄉人，挑著蔬菜瓜果，在跳板來回運送。飯莊也開門，老闆在門口桌上挑蝦泥腸，剝蠶豆莢。

那年代，街上沒垃圾筒，連廚房燒柴火的灶間也沒垃圾筒，紙張字紙都在街口惜字爐焚燒掉，枯枝老葉果皮雜屑全都直接燒掉，到處都是乾乾淨淨的。

灶間是小孩最愛的地方，燒完飯，外婆用火鉗夾進芋艿、山芋，再埋進一個放有百合、蓮棗和水的小沙鍋，下午從灶筒取出，便是噴香的零食和補身的甜品了。

灶火最管用，冬天坐在小板凳上取暖，燙水用不盡。那是灶面放著兩三個圓銅鍋，火熱水燙，隨時可舀出洗刷碗瓢盆鍋。

有次，舅舅從上海回來，他說看了卓別林、勞萊哈台的外國片，發噱滑稽，讓人笑破肚皮，可惜烏鎮沒影戲院，日後要帶我們到上海玩一趟。

上海在那裡？影戲是什麼我們都不曉得，心想定沒二月的廟會好玩。逢到廟會人潮一波波，游藝樣樣有，看吧，戲台粉墨登場，變魔術令人咋舌。拉洋片的西洋鏡好看極了，耍猴戲的敲著鏜鑼，捏麵人捏了很多人偶動物，賣梨膏糖的播起留聲機，生意不斷的棉花糖輪盤轉個不歇……

在家時，我喜歡朝外看，初春裡，半空總有飄浮的紙鷂。上香船的嗩吶笙笛飄散河面，偶有神像抬過，一片鞭炮劈裂啪啦，也有新娘的花轎經過，人多密如織網。

有一個傍晚，天暗欲雨，我在窗口看到一隻貓頭鷹，停在石榴樹上，也不怕人，定定的盯著我，我也與牠靜靜對視，圓睜睜的綠眼珠眨也不眨一下。

外婆上樓來關窗，見到牠連忙把我拉開，說道：貓頭鷹是邪氣的鳥，會數人眉毛，帶來霉運！真的，貓頭鷹來去神秘，叫聲詭奇，夜半聽起來像人驚呼，蠻恐怖的。

又一天，雷雨又快又急，大雨過後，天邊出現一條五顏六色的虹，我指向它要外婆快來看，她說，那是天上的橋，和天界相通，我們只能看，不要指。

我連忙放下手，心想美麗的東西，原來不能指。

外婆禁忌多，做出的吃食也多，其中以燻豆最好吃，那是用新鮮毛豆加上鹽，用炭火慢慢燻烤，一直到乾縮起皺便成，豆粒碧青，鮮美無窮，可當零食，也可入茶。

還有她做的肉餃喜蛋、八寶飯豌豆飯、紅豆糕綠豆糕，樣樣美味好吃，耐人咀嚼……

水鄉舊昔，依稀閃動，猶如大船過處，河底捲起的水花水草，河砂浮石，好輕好柔，好近好美，在漩渦中漂漂蕩蕩，閃閃熠熠，三、五十年魂牽夢縈，七、八十年依然夢縈魂牽，已成一幅水鄉童年定根的圖像了。

民國九十九年七月中華日報副刊

重溫舊時情

一九四九來台後的一甲子，總共搬了六個地方。

剛來住梧棲，乍來初到，有兩件稀奇事。一是壁虎多，一到夜晚，牆上就會爬著好幾隻，幼時聽老輩人說，壁虎飛簷走壁，尾巴一旦掉落，彈跳的斷尾會鑽人耳朵，聽來很害怕，好在江南一帶，壁虎少之又少。

那時常在夜裡聽到嘶嘶叫聲，不知甚麼虫聲，有晚發現一條壁虎肚腹鼓脹，四腳撐立嘶嘶在叫，才知這兒壁虎多，居然還會叫。

另一新鮮事是農家餵養的火雞，牠們頸脖膨脹，喉部肉垂翻紅，羽毛四翹叫聲宏亮，見人展翅朝前撲來，會被他嚇到，後來才知火雞適應力強，是農家普遍的副業。

附近漁村有戶人家，養了三、四十頭山羊，由一個女孩放飼，晨出暮歸，必經我家門前。一天午後雷雨驟至，大雨中見她吃力趕回紛嚷的羊群，用一片芋葉裹住懷中羔羊，一根竿子追著東竄西跑的羊，斗笠下全身淌滿雨水。

第二天，抱著孩子在灌木林邊芋田發現她，我做個手勢問：「妳的羊呢？」她指指不遠處：「在那兒吃草！」原來，她會說普通話，已經讀過小學，今年十五歲，爸爸哥哥都在港口做工，家裡還有五個弟妹。

牧羊女對我早有印象：「是另一邊來的阿山人。」

這以後，女孩常會檢些貝殼、捉些小蟹給孩子玩，我們相處得很好，中元節到她住的村落去走走，家家宰豬殺鴨，空地搭起醮台，晚上有布袋戲上演。她的父母壯健和善，小弟妹在屋前一縷縷紙箔火焰旁玩耍。

沒風的日子，也常到沙灘去走走，聽聽蔚藍的海唱著輕柔的歌，看看走過留下的一行行腳印。

梧棲僅住半年，丈夫調新職搬往台中，一直惦記著「鳳非梧不棲」的梧棲風雅，梧棲初旅。台中眷舍仍是日式木造屋，這兒樸實無華，氣候宜人，蔬菜大致可買到，不像梧棲經常空心菜三吃的單調了。台中最動人的景象是，每年炎夏鳳凰木花開時，馬路兩旁美不勝收，好像點火燃燒了起來的熾熱耀眼。而家家庭院都有果木，蓮霧、芭樂、木瓜都從樹上認識，釋迦、百香果是從攤上認識，其中最愛的還是香蕉、鳳梨，在內地，那吃得到這麼廉價的水果？

民國四十年各地眷村陸續興建，四十二年搬到臺北中正路宜村眷舍，長長圍籬與隔壁啤酒廠相連，右邊是中油公司加油站，三輪車停車場，日夜有北基客運車通過，早晚有肩挑和推車的小販吆喝。

那時，搭車出去是「進城」、「上台北」。松山地區還屬偏遠，一年多後，漸有前景看好的商機隱現，商人腦筋動得快，把地買下要建店面，於是，將眷村拆建到相去五、六站路的中崙地區。仍是初時鐵皮屋，竹泥牆改進成水泥牆，公共設施也改爲幫浦抽水，獨立廚廁。中崙，當然也是偏遠所在，白天行人寥落，後面鐵軌蓋了不少違建，住了許多貧乏人家。

常常，帶著孩子到不遠的敦化路口街心圓環吳稚暉銅像下坐著玩，看車看人，覺得這兒好寬廣。

不多年，櫛比鱗次的建築体環繞相連，蛻變爲熱鬧豐富的繁華景觀，電視公司的黃金地段也形成了。

民國四十九年又搬板橋「仁愛新村」，前後院種下玫瑰、黃蟬、夾竹桃等花木，旁臨一條野溪，每天清晨，一溪落瓣隨水匆匆流過，萎謝的花魂，不知來自何處，飄向何方?

那時兒子住校，長女留家寫作業，丈夫與我，帶著年幼孩子坐三輪車到板橋戲院看電影，在車上，身上各坐一個，最小的蹲在腳踏板。記憶很深的好片有:「賓漢」、「萬夫莫敵」、「紐倫堡大審」、「緣訂三生」、「恨不相逢未嫁時」、「日正當中」、「戰地鐘聲」、「史家山」、「梅崗城故事」……

不多年，三輪車輔導轉業，計程車逐漸上路，板橋住八年多，遷往內湖「憲光新村」。

內湖綠野山丘，農田菜圃，亦鄉亦市，空氣鮮潔，祇是每逢颱風肆虐，基隆河倒灌便成水鄉澤國，歷經淹水考驗，而掃水是第一要務，否則爛泥巴沉積便不可收拾。往往，從黑夜掃到天明。

後來，家家蓋個閣樓防水患。閒來無事，登上小小閣樓，去看天、吹吹微風，天空渺渺，陽光特別明亮，樓閣狹窄，卻是別有洞天，體會一下：「若無閒事掛心頭，便是人間好時節」禪詩的意境。

他升少將，以華夏貸款，二十年分期付款，購得中和景平路二層樓房，從稻田竹林，魚池菜畦直到高樓林立，人口驟增，一住三十三年，其間有孩子的成長茁壯，慈母陪伴的幸福時光，丈夫意氣風發的壯年，以及我溫馨的流光歲月。

老屋五間房，最後變得空空洞洞，慈母仙逝，丈夫和兩個女兒相繼離去，只剩一個暮年老人獨守空樓，她已爬不上樓階，排不去孤寂，只讓欺老的宵小時來撬門偷竊。

爲此，選擇了山腰上的家，這兒有電梯，重門禁，遇緊急事，有直通警示鈴，而樹鬱鬱、山青青，很幽靜，蠻愜意。

重溫舊時情，細想往事如煙，無限緬懷，堪供回味。

民國九十八年十月中華日報副刊

同窗

今年，她又返台，一年一回，像隻隨季節往返的候鳥。

仍然在飯店聚會，每次都是她兒子隨侍在側，今年是女兒外孫陪來，女兒退休，外孫放暑假，有空回來住一陣。

她回台第一件事就是作一次全身健康檢查，檢驗報告出來，兒子總是寬心宣佈，老母的生理機能，比我們還好！

今年伴隨來的女兒也笑著說，醫生多開了一顆「阿斯匹靈」，預防心血管毛病的藥，媽媽身體很健康。

可不是嗎？她的頭髮灰白，臉上沒明顯皺紋，除了骨質疏鬆，脊背有些駝，八十八歲的年齡真還硬朗得很呢。

我與她是八十年前的小學同學，如今同樣兒孫滿堂，她依親在美，含飴弄孫，台北還剩一幢配給的眷屋，老伴雖走了，總歸是同甘共苦的窩巢。

我們是同一年份出生，同一小學唸書，同班級，同姓丁。

人生真奇妙，意有如此的巧合，如此的機緣，如此珍稀的相遇。

民國廿六年小學剛畢業，七七事變發生，十月深秋，常州就在敵機濫炸下成了空城，百姓如浪潮裡的漂浮木，全在亂流中流離失所了。

抗戰八年，戡亂三年，隨著一場大遷徙渡海表台又數年。那一次，我隨外子拜訪部裡的處長，他太太是位淡雅靜美的賢妻良母。初見一剎那，一個似曾相識的模糊面影浮上腦海－好似一位小時同學。但畢竟，歲月嬗遞，時光推移，彼此年歲長了，外型變了，姿容成熟，笑得含蓄了……當時生怕認錯，不敢貿然確定，遲疑不決直到告辭。

回途在車上，我跟外子說，他太太很像一個小學同學，不知是否也姓丁？

隔日他在辦公室提及，確確實實她姓丁，常州人。

他鄉遇故知，人生何處不相逢！

那年我們都有五個孩子，在相夫教子的忙碌之餘，有次到板橋眷村來探望，我從小舖冰櫃買來小美冰淇淋，幾個小孩圍著小矮桌或坐或蹲，吃得津津有味。過後在籬笆內院子玩耍，邊玩邊複習算術公式，國語造句，心裡不禁想，我那小學同窗，是怎樣教導出這樣勤奮的娃兒們的呀？

每次我到她家玩，她的小女兒端茶，奉點心，把好吃的東西全拿出來招待，周到得如同一個小大人。長大後考上師大，有回請我和她媽媽去看電影、買飲料、遞紙巾，問問距離合不合適，座位好不好，貼心周到讓人窩心。

後來她的兒女一個個陸續出國深造，學有所成，全在國外立業成家。

我是六歲那年，全家遷到常州，常州是個古樸縣城，古時有許多登科中舉的進士宅第和牌坊，不少街巷以坊爲名如「雙桂坊」、「早科巷」、「椿庭坊」……我讀的小學校，也是有來歷的「織機坊小學」。

在那年代，女孩上學都晚，約在七、八歲或遲至十一、二歲，有位同學，老師常派她主持朝會的升旗典禮，或在台上帶動做團體操，這位同學，親都訂過了。

學校不規定制服，有個三角形校徽別在襟上，也沒書包，用書包帶把書和文具用環扣紮緊或解開。課是整天，中午下課路近的同學回家吃，路遠的由家長或傭人送飯吃。

班上有兩人姓丁，她高坐後排靠門，我矮坐前排靠窗，隔著七、八排課桌有一大截距離，因此只知我們同姓，每到大冷天，她的雙頰會生凍瘡，又紫又紅，一如雪天校園的臘梅必會綻放，而她的名字恰好有個「雪」與「梅」。

難忘教歷史的潘老師，講起課來，生動有趣像說故事，他兒子也在這一班，好羨慕有個教書的爸爸。另外四年級的英文老師，頸脖總是圍著一條白絲巾，轉身在黑板沙沙疾書，行行蟹行文，隨著絲巾輕微盪動。

這位丁姓同學也是文靜內向，下課玩「抓七」（用七個裝米小布袋，從一抓到七不漏不落算勝負），或在嚴冬冷顫中到外面牆邊太陽裡，「擠油炸」（推擠取暖的有趣玩樂），很少有她身影。

我們都一樣，如今，整年之中，春節撥個越洋電話拜年，互祝身體健康，萬事如意，再來就是每年回台的餐廳晤面了。

互動雖有限，電話可通達，聊聊近況，話話家常，回憶一下久遠的事，觀想一下暮年情懷。

光陰如此之快，歲月催著人老，因此覺得唯有得福知福，小心把身體顧好；忘掉年齡，慢慢把日子過好，如此才能天朗氣清，一派秋涼。

天涼好個秋。

這就是了，這就是好生活，好風景了。

民國九十九年九月中華日報副刊

夢迴水鄉

昨夜，夢見了外祖父母，回到了外婆的家。

近幾年，常夢見仙逝多年的母親，離世多時的外子和兩個女兒，甚至連外子二位要好的故友也在夢裡出現過，而這回，竟然遇見上一輩的至親，真的是拉回了今古距離，跳脫了時空錯落，鮮活活地將人、事、地貫串，是幻又是真，是虛卻又實。

夢裡，跟著母親坐上慢悠悠的船，回到外婆橋。

上了岸，一眼看見慈眉善目的外公，捧著旱煙袋走來，我出聲喊：「外公、外公！」這一刻，直覺自己嘴唇在動，正在喃喃夢囈的自言自語。

還好，夢未中斷，重又接續……跨進大門，邁入二門，穿一身藍布衫襖，手裡拎個柳條籃的外婆，對我們說道：「走吧，帶你們燒香去！」

呦，那座山好大，下面的湖好廣，廟也大，佛也大，銅香爐插滿密密麻麻的香柱，煙霧繚繞，遮掩了所有的人，濃煙中，外婆消失無蹤了，慌忙找，一回頭見她坐上船要離去，我們去追，就是划不快那艘船，一個浪頭，把她的船吸入了無邊際的大河盡頭，愈漂愈深，越去越遠……

耳邊時鐘滴滴答答，一如夢中的水聲划響。

真想不到，這回夢見外公外婆，以及幼時的江南水鄉，真是千載難逢的好夢，快樂時光的回返呀！

我的母親嫁到吳興，家在烏鎮，在我小時，常帶著哥姊與我回到她的娘家，蠶忙季節會多住一陣。

那兒是個古樸小鎮，人稀屋老，寧靜怡然如一泓池水，激不起一點波瀾，古世無甲子，歲月無限長，大家悠閒過日子。

坐船回烏鎮，是件最開心的事，沿岸盡是碧油油的稻田，一片片的桑林，一隻隻的白鷺鷥佇立在牛背。我們唱起一首童謠：「搖搖搖，搖到外婆橋，橋畔有個大花圃，繁花似錦滿芳草，白楊垂柳半天高，蝴蝶燕子齊飛舞……」。

外婆家就在一座大石橋前，粉白牆面，黑漆大門，前面臨街，後門通河，走進廳堂，穿過天井，防火牆突兀矗立，花壇擺放著四季常翠的萬年青。再往後走上樓是臥房，推開花格子窗，一邊是瓦簷重重的屋脊，覆滿苔蘚的瓦縫爬著許多小蝸牛，一邊便是亮晃晃河道了，船隻划過，響起搖櫓打槳的咿咿呀呀。

曾經，跟外公舅舅們，雇船到硤石、桐鄉附近鄉鎮去吃喜酒，飯館道地又實在，全是大魚大肉，鮮蝦活蚌的十分豐盛，我最愛吃酒席湯裡的魚圓，聽外婆說，那全是鮮魚剔刺剁肉剁碎掐成，沒摻任何配料，所以味道特別鮮美滑嫩，吃了還想再吃。

最愛吃的還有八寶鴨填充肚內的糯米飯，將棗子白果、栗子蓮肉夾雜在一塊，又香又綿，美味極了，甜軟濃郁的滋味，一直留在童年時的舌底。

春三月的蠶忙季又是一番風光，悄靜靜的蠶房充滿一片噬葉沙沙聲，像夜裡的春雨淅淅瀝瀝，有股特有的蠶桑氣味，還有一縷縷點燃的壇香味，充滿成長的奧秘和成長的喜悅。蠶要就眠時，一筐筐銀亮的蠶全都綣縮偎依，一動也不動，外婆會囑咐小孩子：「說話小聲點，走路輕輕地，不要吵醒蠶寶寶……」。

三眠起食量更大，大家忙著採桑，沒日沒夜的辛勤照顧，這時蠶室更加靜穆，空氣更要留通，陰寒春雨天，四週還得生爐保暖。辛苦了一季，直到繭商前來收購完畢，才算大功告成。

緊接著，又到一年一度的另一大事：到廟裡燒香。那是到一個太湖旁邊的城市，山上的一座廟宇，香火期間熱鬧極了，山陰道上，香客络繹不絕，從上望下去，太湖煙水蒼茫，湖面無限空闊，山頂還聳立著一個尖尖寶塔，那是我第一次看到山、看到塔，覺得十分新鮮有趣。

江南水鄉，地形平如掌，沒山巒丘陵，只有水岸河橋，煙波水月，沒見過圖畫書上，山巔覆蓋的皚皚白雪，只常見大雪天裡，穿著白袍的雪樹冰花，因此，難得跟隨長輩去一次朝山進香，感覺是件稀有難得的事。

已有一千三百多年的老舊烏鎮，一向寂寂無名，與世無爭，像座深鎖的礦藏，沉睡了千百多年，直到最近一、二年，才被世人開採深掘，漸漸提起了它的名，揭開了它的古，叩開了它的門。並把它列爲江南六大水鄉之一，成爲觀光產業一顆亮眼的星。

初履斯土探尋回來的人，曾猜測這個古鎮地名的由來，是不是因爲當地的屋宇，一片烏漆哞黑？還是古時候一位烏姓官吏祥和了這塊地方而取的名？

實則上，都不是。黝黑一片的古屋羣，是千年歲月留下的痕跡，是滾滾世代烙下的風霜；至於爲何被稱爲「烏鎮」，有一說是唐代英勇抗敵的「烏贊」將軍於此建立家園之故。

尋訪探索的人又說：烏鎮有棵千年銀杏，有座前清戲台，街道是踩踏得晶亮的青石板路，座座石橋古意盎然，有評書彈唱的民間文藝，有藍印花布的古老作坊，還有茅盾、豐子愷的故居。街上百年老店的醬雞醬鴨和老店鋪紅燒羊肉，是風味絕佳的地方菜餚。

而烏鎮的寧靜古老，烏鎮的歷史人文，蘊藏著最完美的江南小鎮風韻。

是的，鎮頭有棵高大的唐代銀杏樹依稀還記得，入秋後掉落滿地像小扇般的黃杏葉；街上祖傳的醬雞醬鴨和紅燒羊肉，是外公愛吃的下酒菜；青石板街道，留著幼年時候無數足跡，一座座石橋也爬上爬下留有許多歡笑。

呵，烏鎮，一代代古人已從它的身邊走遠，一輩輩今人已穿越在它跟前，也讓半個烏鎮人，夢迴水鄉，舊地重遊了一回古鎮之旅。

民國九十九年十一月中華日報副刊

那年異事

忘不了年少時的幾次驚悚，事隔許多年，已在腦海逐年淡忘，但是，驀然回首，仍會穿越時空，從記憶深處浮現。

那年，躲避日寇轟炸，逃往長江對岸的深山，半年多回到淪陷區，看見住屋傾圮，滿目蒼涼，很多房屋全被硫磺彈炸燬了。

城裡那條運河，好像變窄了，頭頂的天空，似乎開闊了，往日街上的人聲沒了，附近熟識的街坊不見了……。

提著包袱鋪蓋找住地，城裡有空屋，卻大門深鎖，主人都在大後方避難，只見一群群麻雀，在院落一棵老樹邊吱吱喳喳，繞樹覓尋枝棲。

原本房舍眾多的老巷子，沒有幾間完整，不是殘破就是門窗不全。

走了大半天，才在城北一條巷弄找著有人的一間屋，於是，與那看門的老僕談妥房租，這才放下大小包袱，疲累的人也有了立錐之地。

對面開了間鐵匠鋪，老闆劫後餘生，談到鬼子剛進城的濫殺無辜，獸都不如，臉上忿怒無法言喻。又對我們說，亂世不如太平年，要以平常心住，好好安排一下吧！

老闆話中有話，似是不便說。這間房子並不尋常。有天半夜，明明聽到閣樓上有腳步聲響動，翌晨搬梯子爬上去察看，上面布滿蛛網塵埃，其他空無一物。

一天弟妹咳嗽發熱，母親帶他們去看中醫，我在黝暗廚房幫忙淘米洗菜，忽地，閣樓有微響，接著梯子咯吱咯吱，冷風穿堂而過，直覺有個東西在屋裡游動。心一顫，寒氣通遍全身，丟下手裡洗好的菜，直奔門外。

對面，鐵錚錚的鐵匠師傅打著鐵錚錚的活，頭頂，金光閃閃的太陽照著金光閃閃的巷，外面燦亮亮，屋裡陰森森，讓人不敢進去。

住了一個月，閣樓時有動靜令人心驚，於是，除了對逝者表達歉意，願他魂魄早日安息，我們搬了家。

這次找到的是城外一間陳舊樓屋，房東是個眼盲的老婦人，兒子在逃難後失了連絡。屋與運河比鄰，樓窗外總是兀立著用粗麻布織成的一大片一大片風篷，巨人般聳立在那兒。

有個夜晚，下面一堆平房瓦頂上，忽地響起有人爬上來的響聲，這時房東還坐在黑幽幽的窗口乘涼，聽到嚇個半死，驚問：「哪一個？」

瓦上傳來一個粗暴男聲：「我！」

眼盲的房東用沙啞聲音喊道：「不要上來呵，這裡住的全是貧苦的人，家裡什麼東西都沒有……」

這時其他住戶的女人家，嚇得也大聲尖叫起來。

屋上的人用粗濁聲又開了腔：「罷了，罷了！」轉身爬下滑溜溜的瓦，踩著短牆跳下，走了。

通常一般小偷，趁著四下無人，暗裡來，暗裡去，神出鬼沒不會發出任何聲息，唯獨這個屋上的人，不但發了聲，而且很快自動離去，定是個初起歹念，飢餓交迫的可憐人。

城外住三個月，我們搬回城裡。

那位屋主住後進，我們住前棟，住了個把月起初相安無事，直到某個傍晚，一陣刺鼻怪味從地板下冒出，掀起一塊破地板俯身一探究竟，一縷縷煙正從縫隙往上透出。

無端端怎會有煙？趕快去請房東過來，她倒神色自若，潛意識中似乎早知有事發生，支吾地說，這是煙囪阻塞灌進來的煙。

連續幾回煙，過些天母親一件青布衫的背後赫然破了個孔洞，圓滾滾的，銅板大小，接著，我的一條褲子的腳管上，也赫地嚙了個窟窿，一模一樣，銅板大小。這一下，叫人心慌了。

地板裂縫冒煙，衣褲同樣窟窿，事與靈異無關連，與人爲更無可能，那麼，這是怎麼一回事？真弔詭呵！

聽一位老人說，有些古舊老房子，住著一種叫「狐仙」的生靈，偶會與人作祟，神祕隱匿，很難找到牠行蹤。最好在初一十五供些素果香煙拜牠一下。

聽了半信半疑，無法相信他的真實性，沒照著做，還好，謝天謝地，後來一直安靜，沒再鬧了。

就在那年夏天，天氣燠熱，一天清晨天色微明，熱了一身汗坐在床沿搧著蒲扇，見到門外黑影幢幢，一隊人馬從眼前經過，好似腳不著地，飄著浮著走，沒半點聲音，正覺奇怪，黑影倏然隱沒，我三腳兩步跑出去瞧個仔細，路上悄靜無聲，沒個人影，只有曉星高掛，萬籟俱寂。

後來聽附近小廟一個廟祝說起，淪陷前夜，有游擊隊與鬼子兵發生過巷戰，死傷慘烈，因此，常會見到陰兵部隊出沒夜行，聽得我汗毛直豎，頭皮發麻，也是第一次聽到「陰兵」這個字眼。

是的，烽火連天的戰禍，混亂不安的年頭裡，善良百姓遭殃多，非凡事件發生也多。

韶光悠長歲月流轉，這麼多年已經過去，但仍然覺得異事年年有，沒有那年特別多。

民國九十九年五月文訊雜誌

浣衣

江南古鎮，家家傍河，往昔年代，在水邊石級上上下下的濯洗時間，日常家務中佔得最多。

古鎮何所有？清潺水光多。

各家後門頭，都有一疊埠頭石，浣衣洗菜，淘米刷鍋，順便帶桶水上來，注滿二個水缸，丟塊明礬澄清，可燒熱洗浴之用。

它是一條實用的河，與生活密切相關的河。

小鎮男孩，最喜歡在河邊玩樂，赤足入水，在石縫中摸螺螄，捉毛蟹，網小魚，撈蝌蚪，或到石橋洞底下捉麻雀，拿回家想在竹籠裡養。

洗衣的阿娘看見了，總說，鳥這麼小，養不活的，快放回去，母鳥回來找不到孩子，會急碎了心的呀。

於是，到手的小鳥，只得重新捧回去放回窩。

每年端陽節前，河邊很熱鬧，這是春夏交替，收納冬被棉衣的時候，趁著大晴天，姆媽阿嬸折下被褥被單，床罩枕頭套和罩衫罩袍裡拿到河裡洗，浸透塗滿肥皂放在石頭用木杵拍打，槌擊再入水清洗，這時，四面浮滿泡沫，水花濺出圈圈漣漪，一層一層向外漩開，白被單，紅綢面，光鮮的枕套和花花綠綠的衣裳晃漾水波間，煞是動人。

洗淨，母親和大姑兩人，把飽脹的被單從水裡拖起，一頭一個，把捲成長筒形的床單抓擰、扭絞，直到水份瀝盡和衣物一起堆入木盆上岸，晾晒在祖母早在堤上樹間兩端繫縛好的長繩，一一夾好夾子，姑嫂倆提著盆子水桶和木杵肥皂籃迎面而歸，那份輕鬆，連趴在樓窗往下望的我，也感到輕鬆快樂。

那該就是，年歲太平，日子平順，家族情感，相互交融的氣氛所感染的吧。

下午被服乾透，便要縫被了，這時，在大廳把二張長條桌併成一大張，先把被裏鋪平，再放棉絮胎，最後將亮紅的綢被面合上，一針一針用綿紗線縫合，四個被角折疊縫好，一條有稜有角的棉被便完成。

縫被很費時，好得人手多，談天說地的，一盞茶光景，一針一線也縫好大半了。

後來搬到常州，有河也有井，大件被服，就在自家水井洗，床褥被單先用擦板擦，後用木杵槌，井水沖洗後，同樣兩個人左扭右轉擰乾後，晒上長竿架在院中央，各色被服晾在和風日光下曝晒，飛揚，浣衣日子的一片擣衣聲，一院衣袂飄的情景與古鎮一個樣。

抗戰勝利後，我在南京找到工作，賃屋在通濟門護城河畔，同樣在河邊浣衣，因爲自來水費貴，附近居民也到石蹬下的河裡濯洗衣物，波光鱗鱗的水面常見魚兒躍動，每當晨昏，船隻停在那兒撒網捕魚。

租屋貼近菜田，茄子瓜果，青菜蘿蔔種了好多，只可惜，每天下班回來，桌面東西經常不翼而飛，像是風行伊始的玻璃（尼龍）雨衣，玻璃包包，玻璃絲襪和一些小物件，窗沿雖有一排鐵欄杆，仍擋不住伸手來摸的人。

那年抗戰剛勝利，八年動亂，物資匱乏，繁華褪盡，南京還是個亦鄉亦市的古城。

民國五十三年在台灣，有段時期商人前來推銷手搖洗衣機，好奇之下買了一台，它是個置於架上的球狀大圓筒，約可容納一床被單，或十多件衣物，皂粉放下，將半月形鐵罩栓住緊扣，手搖把手不斷攪動，最後取出清洗晾晒。

那年頭的簡單機器，僅靠衣物自行摩擦，絕對比不過用木杵搗的那般乾淨俐落，尤其是孩子們的制服衣領袖，仍得在擦板刷洗才潔淨。

不多年家電產品陸續問世，先後購買了電風扇，電唱機，電冰箱，電視機，和一台正統的洗衣機。

多少年過去，河邊浣衣已成風流餘韻，只是一旦想起，彷彿仍在眼前清晰如昨。

民國一〇〇年六月中華日報副刊

童年的城

周五，兒子總會打電話問：明天帶什麼菜？

我已想好要買的，告訴他：洋蔥紅蘿蔔，芹菜豆乾，雞翅雞腳各一盒，土司鮮奶和花生醬，蔬菜水果外帶一雙夏天穿的拖鞋……

現在的大賣場，百貨紛呈，一應俱全，從食品到奶品，生鮮到熟食，衣著到電器，生活品到專用品，跑一趟大賣場，必需物全都齊了。

猶記童年時代居住的城，購物那有這般便利？昔年讀小學，中午放學回家吃飯，正是母親在廚房忙碌，正巧醬油沒了，油罐空了，便要我到油行，醬園去添瓶醬油，打斤油或半斤酒，把角子銅板空瓶交給我，這時心裡最覺畏懼，因爲，自小我是個不喜開口的小孩，而且大洋小洋角子銅板弄也弄不靈清，一方面又怕路上碰見老師同學，有時看見遠遠走來，寧願繞個遠路避開，不巧遇上，也低頭裝作不見。

比這更甚的苦事，莫過於早餐後的上學前，父親要我到寄娘（乾媽）家去要一點她家的醃菜，硬著頭皮拿著碗，跑出弄堂轉個彎到了她家，怯生生的說：「爸爸要一些小菜……」她領我進入廚間，掀開密封的甕子，挾出一條條碧綠綠，脆滋滋的黃瓜和豇豆，走時，又用小得不能再小，只有自己聽見的一聲「謝謝」，一溜煙跑回家了。

寄娘是大街鐘錶店老闆娘，父親開的百貨店與她比鄰，彼此交情很好，還認我作她乾女兒，父親經常送些手絹毛巾和香皂，她們也常回送好吃的佳肴，她做的梅干菜雪裡紅及醃的菜蔬特別清脆，口味出眾，好吃到不行，因此才會如此喜愛而差遣做這難堪苦事。

那時市面上的各行各業，分門別類，茶行、酒莊賣茶葉和酒，醬園賣醬油香醋及各種醬瓣，要吃現成的糟肉燒肉、醬雞醬鴨有熟食店，而煙紙店則零售香煙火柴雜貨日用品。魚肉雞蛋和當季蔬菜就到菜場買。

至於買零食，就得等挑擔的小販來，春天有桃李杏等陸續上市，夏天有鮮嫩紅菱和蓮藕，深秋有熱呼呼的糖炒栗炒白果，冬天有甜香的烘山芋、熟花生等。

賣餛飩、素什錦是不分季節的，那是孝敬老人的零食，尤其是素什錦擔子上的油麵筋，油豆腐、豆皮素雞泡在一鍋鮮湯裡，香氣撲鼻，好吃得很。

城裡數一數二的大行業，就是那一爿紗廠，生意做得大，織工有機器，一把原料做成商品，銷往上海。廠房大，員工多，每天上下工施放的汽笛，是全城最準確的標準時間。

街上吃食麵攤店，綢緞花布店，土產篦梳店，百貨商品店全是他們的花費地，工廠繁榮了小城，小城繁榮了工廠。

當年，店主老闆，店員伙計無不堅守老祖宗留下的傳統觀念：行商有道德，信譽要第一，不像當今的食品，飲品、冰品業，加塑加毒，添色添劑，以獲利爲重，置顧客健康而不顧。

在塑毒陰影籠罩下，倒是樣樣懷念起老年代的單純幸福：零污染的環境，永遠有蔚藍的天，清澈的水；最天然的食物，吃得健康，慢性病少。各字號的店舖，貨真價實，老少無欺；融洽的大家族，五世同堂，長幼有序。

舊時，沒髒污，沒廢氣，無農藥，無公害，日子過得簡樸自在，雲淡風輕……

年代滾動不息，流光不再迴轉，童年的城，只留個悠悠夢影了！

民國一〇〇年七月中華日報副刊

酸石榴

「今年這棵樹，一顆一顆桃子結得超多的……」

社區庭園四棵桃，其中一棵今夏果實結很多，熟透墜地，檢了一粒撕開皮，舔了舔，哎呀，好酸，不能吃。

秀色可餐的桃，是棵只能欣賞花，不能品嚐果的樹，讓我憶起外婆家的酸石榴。

每年五月到外婆家玩，正當石榴花盛開，樹像著了火，牆也漾紅了，那時還小，不懂美的概念，直覺像過年一樣，有歡樂的喜氣。

夏天裡再到外婆家，樹上已結滿纍纍石榴果，夜裡聽見果皮脹裂的細微響，明朝一看，不少石榴裂了口，變成露出鮮紅籽粒的開口笑了。

只是石榴籽酸澀無比不能食，我問外公，爲什麼那麼酸？外公說這是棵酸石榴，不過，皮的部份和枝根都可做藥材，治病療痛很有用，藥材舖每年都來收取，親朋也會來摘，拿回去把厚殼和樹皮晒乾做驅蟲藥。

外婆私底下給我講過，弗要緊，有法子的，等鄉下阿叔上來，我會叫他帶株甜石榴品種替它接過枝，酸石榴就變甜甜的了！

但每年二、三月，跟母親回烏鎮幫忙照顧蠶寶寶，大人日夜忙進忙出，一直要到收完繭，鄉下阿叔都來幫忙，在桑園修剪枝枒，鋤草整地，忙完後，總把牆角的石榴樹接枝的事忘掉了。

但無論如何，石榴樹陪我度過童年時的快樂時光，尤其在冬天，落完一場大雪，外面粉粧玉琢，石榴樹披著件白棉袍，我在外婆房間，用短竹竿綁個洋鐵盤，伸出窗外把壓在樹上的積雪，一坨坨挖到窗台，堆個小雪人，望著這個有身有頭，還有一雙用桂圓核嵌成的眼烏珠，心裡很得意，不管寒風冷吱吱，手早凍僵了。

我也喜歡在外婆房間一個櫃子裡，收藏的好多骨針。那是婦女梳頭時，挑髮間紋路的針，紅黃藍白紫靛黑，五顏六色好鮮艷，都是外婆的外婆，姨婆的姊妹和她自己買的珍藏，我常拿出來把玩，聽著骨針在桌面滑響的骨碌碌，和石榴樹葉在風中吹動的沙沙中玩上半晌。替代了那年代沒洋娃娃，玩具熊的單純童年。

還有，我喜歡在外婆臥室，等待一隻貓頭鷹。黃昏時候，它就會來，停在石榴樹枝梢頭，或躲在葉叢，用閃亮的黑瞳偷窺著，回瞪著，我也聽到過它叫聲，嘰咕啼嗚，好似在叫人。

五歲以後，離開生長的地方，遷到常州居住，與石榴樹越離越遠了。

好多好多年過去，那一年到西安旅遊，古城石榴果園特別多，盛產甜石榴和酸石榴兩種，前者顆粒大，籽鮮甜，後者果粒小，滋味酸，專做藥引藥材，有去火寧神，止痢止瀉等療效。不禁憶起外婆，說要替石榴接枝變甜的童年往事，一時間，也頓悟了老人家的慈愛與用意，那是要孫輩靜靜期盼，美麗憧憬不是夢，人有希望心快樂！

民國一〇〇年九月中華日報副刊

主廚夯了

在一般人心目中，飯店餐廳中的廚師，是整天在煙霧迷漫，油熏沸騰中作菜的人，不見天日，只有燈光陪伴，美味與他無緣，是個爲人辛苦爲人忙的角色。

如今時代不同了，在這崇尚美食，消費力超強的餐飲業廚師們，早從舊有的模式中走出，開始露面揚聲，出來與食客打個招呼，問問菜色合不合胃口，吃得滿不滿意？或上了電視和電台節目，串演佐菜秀，示範好佳餚，或是安排一下主題演講，談談經典料理之美。往往，在每個美食節目中，主持人都當了他下手，遞糖遞酒，送調味送碗盤，廚師升級，另創了一片天。

現在的廚師，都被尊稱老師大師，廚藝達人，美食王。猶記老年代的掌廚人，稱之大師傅，廚師或廚子，是三百六十行中屬於低微的一行。

記得幼時住處巷底有戶老平房的租賃人家，男主人早出晚歸，晚上回來總拎著幾袋剩餘的美肴菜餚給全家人享用，聽說他是街上飯館裡的廚師。

那時，祖父開著間米行和半間南貨店，店裡朝奉伙計都在後面飯堂吃中晚兩餐，辛苦的掌廚就由嬸嬸大姑和母親輪流烹煮。冬天寒冷，家人喜歡擠在灶間取暖兼幫忙，夏天廚間悶熱便少人進去，而要忙得團團轉。

猶記飯桌上的佐餐肴饌有紅燒肉，芋頭鴨之類的主菜，其餘大致如辣火醬、百頁雪裡紅、蒜苗豆腐、青菜蘿蔔等，其中辣火醬鮮美火辣，用辣豆瓣和肉丁、筍丁、菇丁、豆乾丁、毛豆、白果同煮，吃得大家都要多添一碗飯。祖母偶而也會下廚弄幾樣菜，或栗子雞、滷牛舌，或鮮炒螺螄給祖父作下酒菜。

小時喜歡跟大人去喝喜酒，舊年代的傳統菜總有大盤大碗的雞鴨魚肉，以及拼盤熱炒、八寶飯。最愛吃的是最後端上桌的湯，湯裡好吃又好看的顆顆魚圓，聽大人說那是用新鮮魚去刺去皮加料搯成，才會如此鮮嫩好吃。後來離開水鄉，遷居他地一住快十年，再沒吃過如此鮮美的魚圓。

兒時味難忘，回想總甜蜜！

時至今日，勝過魚圓的鮮味美饌何止百千，人們的味蕾，已從精緻進而創新求變，好吃了還要美上加美，滿足口腹之慾還要健康養生。色香味俱備了還要考究食材……

於是，廚師們竭盡所能，推出各類名菜新料理，端出各式美饌珍饈饗客味。

現代餐飲業興旺，大廚出頭了！

吃喝玩樂股發了，主廚更夯了……。

民國一〇〇年十二月中華日報副刊

沙韻故事

七十多年前，泰雅族少女沙韻，爲了替日籍老師揹負行李送他出征，半途不幸落水溺斃，成爲早年一件不幸的社會新聞。

日本當局，爲了二戰時期兵力不足，鼓勵庶民與皇軍共同參戰，曾到少女部落開追悼會，頒贈沙韻吊鐘；更拍攝了一部李香蘭主演的電影，又有兩位日本音樂家譜了「沙韻之鐘」的歌，來達到統治者所作的皇民化教育的宣傳目的。

一位台灣金融界金控主管，長年之中一直懷著虛幻浪漫的心，追尋著一條沙韻之路，無奈事隔久遠，南澳山區的古道早已崩塌掩埋，老部落遺址也早已不存，經過七年跋涉，才有了些答案。

有一次，在公視電台看到主持人與這位尋路人士的訪談節目，知道他是個從高中時代就熱愛山野，愛寫詩的人，爲了山野探險及古道踏查，要去尋找沙韻之路，在七年時間裡，認識許多部落的大小朋友，對他們關心備至，認識他們的生活，學習他們的族語，了解他們古老傳統文化，並且寫了一本「找路」的書，記述行走山區多年的經過。

事隔沒多久，這位壯碩的、溫文爾雅的「找路人」，竟在一次攀岩途中，不幸落崖罹難。新聞報導此消息時，回想他接受電視台訪問時的英雄本色，談話時的文采飛揚，怎會遭受如此不測，而且也是沙韻走過的同一山區，同一山路上罹難，是巧合，還是宿命？真讓人感到唏噓！

對於這位每逢假日必登山的金控主管，山岳竟然成了他最後的家園，對他來說或許夙願已償，是最大幸福，但對世間而言，卻是黃粱一夢，痛失英才，多少要事等著他做，親愛的妻兒仰賴著他呀。

他愛唱一首抒情老歌「月光小夜曲」，歌的前身就是「沙韻之鐘」的翻版，淒情蒼涼，很悲很美，原詞摘錄如下：

「狂風吹落花一枝，哀哉消逝水煙中。
舊社森林鳥照啼，爲何妳不歸，啊啊，沙韻！」

日昨看到電視台的新聞中，得知正在籌拍一部名叫「不一樣的月光」的沙韻傳奇新電影，比半世紀前李香蘭主演的劇情還要精采、動人，賺人熱淚。

因此，在感念之餘，也要謝謝那位企業界朋友，如果沒有他的跋山涉水，鍥而不捨精神，這個老故事，將永遠掩埋在荒煙蔓草中湮滅無人知。

民國一〇一年二月中華日報副刊

又見新年

一元復始，萬象更新。

匆匆一年又過去，融融新年已來到，這個月份，窗外枯萎的樹叢綠葉瘦縮了，飄落了，天空變得寬朗明亮，平日遮擋不見的藍空看到了，藍得密密的窗外景看遠了，車子隆隆開過也看見車身了，因此可說，一月是個亮的季，元旦是個亮的月，新年是個閃亮的節日。

年前十月份，就有一位朋友送我一份月份牌，一月到十二月，全是花的封面，有叢叢簇簇的，花團錦簇的；有兩朵數朵的，大朵小朵的，真是花開富貴，喜氣洋洋。

台灣不見雪，如有雪的粉粧，那更有個亮上加亮的銀色元旦，也沒臘梅花，不然梅香撲鼻，更有一份新年的馨香。記得少時任家院子裡有棵臘梅，樹有丈把高，平常季節老幹戳天，長著一些尖尖的卵形葉子，一點也不起眼，但是到了冬天，便開出花有五瓣，香氣濃郁的黃金花，疏疏朗朗，整齊對生，像是灌澆出來的臘製花，金黃色彩的藝術品。

如果這一年冷得快，雪下得早，陽曆新年就開出花，直到農曆年的冷峰期，越冷越開得多，開得久。元旦學校放假兩天，總有幾個要好的同學，到我家來看花，回去還要爬上矮梯摘幾枝臘梅花，說要插在佛堂，供神明欣賞呢。

臘梅是我們的國花，清高孤絕，越冷開得越挺拔，沒有任何鮮花，像她開得更多更香，她是嚴酷冬季裡唯一綻放的花。

民國三十一年，住在淪陷時期的南京城，住在城北「三條巷」，巷子附近住有二戶日本人的家，他們過的是陽曆新年，元旦那天，大門不貼春聯，而是掛松竹之類的綠色植物，並用稻草繩結紮出飾品作辟邪，吃的不是年夜飯而是過年麵，年前搗麻薯，做成蒸年糕，新年幾天吃的也是年菜，裝在一層層相疊的漆盒中。

有年旅行團在新加坡，正好遇上新年元旦，各個社團組成的舞龍舞獅隊伍，正在沿街表演，熱鬧非凡；男女老幼盛裝而出，提著禮物走訪親友。

新加坡是各國人種聚集的大熔爐，他們各過各的年，過年的日期各不相同，因此一年中常有歡樂景象。

至於台灣的新曆年，一〇一大樓煙花燦亮，火樹銀花，深夜守歲跨年的人潮洶湧，歡聲雷動，處處歡樂熱鬧滾滾。

元旦過後農曆年來臨，已進入歲次壬辰龍的生肖，在這龍的一年，祝福大家「龍驤虎步」朝氣鵬勃，繼續衝刺。更祝福國人「龍騰虎躍」，活力無窮，神龍飛騰！

民國一〇一年元月中華日報副刊

快樂新年

農曆新年，自古就是中國人的大日子。

從前，一進臘鼓頻催的歲暮，就忙著除舊佈新，大掃除。廳屋、樓屋、廂房臥房，廚房廊簷，都要撣塵去灰，拂拭清潔。被褥寢具，早早拆洗換新，魚肉雞鴨，也早做成臘味，月半過完，磨米磨粉，做年糕糰子，忙辦年貨，老年人忙著摺疊金銀元寶，擦拭銀器蠋台，歲終忙年，迎接新年。

除夕下午高高歲燭插妥，廳屋新掛的燈籠亮起了，龍鳳披罩的桌圍繫起，神明祖先的相片請出，時辰一到，熱氣沸騰的三牲和年菜擺滿一桌，小酒盅一一斟滿，長幼順序拈香跪拜，廳堂充滿肅靜安詳。

吃過年夜飯，全家圍爐守歲，炭爐爆出串串星火，歲燭結上艷艷燈花，這是新年大吉利，好兆頭。

大年初一，家家燃放鞭炮，互相作揖賀新年，小孩穿新衣，戴新帽，穿門繞戶玩得瘋，到處一片紅簇簇，大門二門貼的是「三羊開泰，五福臨門」的紅春聯，窗格貼上「春」的大紅字，井口貼上「喜」的紅方字，米缸貼「滿」的斗大紅紙。終年忙碌的姑婆姑嬸，這幾天洗切煮炸都免了，吃的都是年菜。不洗濯、不潑水，初一是水神的生日，刀剪盆桶碰不得，它們要休息，萬物都有神，新年都需要歇息。

初一晚老鼠娶親，一家大小早早就入睡，好讓老鼠家族舉行婚禮，這是個古老習俗，也符合健康原則，因爲除夕澈夜守歲，新年玩樂達旦，必須補充睡眠。

初一到初三，掃帚畚箕也休息，剝下的長生果殼瓜子殼陳鋪滿地，走來走去喀吱喀吱沙沙響，這表示財氣不出門，招財又積寶。

新年裡，街上熱鬧萬分，一隊隊舞龍舞獅，隨著鑼鼓鞭炮處處舞動，巨龍翹首仰視，龍身彎曲如弓，旋轉快如風，嘴裡含著個大龍珠，巨大矯健，氣勢沛然。

回家問祖父，天上真的有龍游來游去嗎？

祖父跟我們說，龍是天上神獸，天母娘娘身邊的護衛，牠能興雲佈雨，噴水如泉，人間遭逢旱災荒年，人都向牠求雨消災，經牠龍口一噴，乾涸的江河灌滿，枯死的稻田即刻救活。人是見不到牠的，只能依照牠的形做出龍，降臨人間，讓我們有這快樂的年，這樣豐盛的糧。

雖然，時代輾轉前進，快樂的年味逐年淡薄，但是，龍仍然是象徵崇高偉大的中國人的圖騰，我們都是龍的傳人。十二年一個輪轉的龍，今年重又來到人間。

祝福人人龍行虎步，好精神。
個個祥龍瑞氣，行大運。

民國一〇一年元月中華日報副刊

黃金年代

出生年月：民國十二年二月
拍攝時間：民國三十五年初夏
拍攝地點：松江
當時狀況：就職於松江縣政府

那幾年，爲了躲避日寇，我與母親弟妹們，住在一個天然地勢的深山僻壤，度過與外界完全隔絕的真空歲月。

等到外面一切平復，舅舅把我們從山鄉接回，途經上海，看見外白渡橋車馬熙攘，黃埔江的水滿盈盈地照在皎潔秋陽下，挾著燙金書冊的大學生，瀟灑自若的臨江遠眺，真有「今是何世」的泫泣之感。

坐上歸鄉火車，飛輪在兩條白閃閃的鐵軌上嗥叫嘶嚷，想起逝去的年歲，硫磺彈的驚悚，流離失所的災難，像毒蛇般啃食著心，極端的怨和恨，心想，總有一天，要嘗試寫出我的苦難和滄桑。

這以後，獨自來到松江，住在久無人居的宿舍，在嗡嗡如沸的夏蟲聲，一空星斗前，握起筆，一任往日事物，在神秘魅力催促下，寫出一篇不成熟的習作登在當地報紙上。

這張照片，儘管有張年輕歡笑的臉，實際上，韶光的流逝，萍般的漂泊，註定了成長在時代暴風雨中那一代人的憂鬱性格。

這段時期，耽讀了霍桑、梭羅、狄更斯、托爾斯泰等文壇巨匠的世界經典名著，而《冰島漁夫》中潘堡爾壯丁們，以生命爭取生活的壯烈戰鬥，和一個枯坐在海邊傾圮屋簷下的老婦人，連她最後的孫兒也死於異域，那悲苦環境中的悲苦氣氛使我哭泣，我看到多少倚閭翹坐的老人，遭受像英安奶奶同樣的命運——年輕兒孫被戰火吞噬了生命！

又寫了幾篇不成熟的習作，隔年，就到南京工作了。

松江，是我摸索筆耕的起始點，是千堆雪浪湧動的黃金年代。

民國九十四年元月文訊雜誌

江南行

由於女兒生活重心由溫哥華轉移到上海，有了固定的停留地，因此，那次雖腿疼難行，仍勉強陪伴初次返鄉的兒子，作了趟江南行。

在短短時日內，直向蘇杭水鄉，迎向京滬線的鎮江、揚州，以及南方的桂林山水玩了趟。除了蘇杭與桂林，我已玩過多次，只到鎮、揚及另一古鎮逗留幾天。

誠如上海的朋友所說，大陸幅員實在太大，今後，有了上海這個據點，可以時常來慢慢玩、細細看，萬里河山走一趟！

首先我們是參加住宅小區晨運體操隊包下的旅行車，從社區出發到鎮江、揚州作兩日遊。這個新社區位於上海北，住戶三千餘，是個規劃得不錯的大社區，他們常舉辦這類短程活動，這一輛二十多人的旅行車上，除了晨運主婦、退休公務員，也有幾位上了年歲的老婦人。

原先這批芳鄰對我們幾位台灣去的還保持一份距離，同遊半日後，也就親近熱絡了起來。其實同車的芳鄰們，其中也有廣東上海人、江浙上海人、蘇北上海人，這兒原就是個移民大都會，年代住久，滬語道地，生活融入，都變爲「阿拉上海人」了。

上海到鎮江車程三小時，從前僅賴一條京滬鐵路，如今早有滬寧高速公路，沿途經過昆山、無錫、常州等站，車在常州休息站停靠十分鐘，這兒原本是我小學時期的第二故鄉，但睽別超過半世紀，毫無痕跡可尋，連記憶中的天寧寺寶塔，也抬望不見了。

行過美侖美奐的潤揚大橋，鎮、揚已近咫尺，只因不繞城區，無法一窺舊時面貌，就這樣快速地入了金山寺，這兒，與七十年前初入社會在鎮江一銀行供職時，外貌可說截然不同了。

當年，寄宿江邊馬路一位同事家，假日常到金山寺去玩，先從西火車站前行，再向金山路走去，一路垂楊成蔭，稻田連接，農舍櫛比鱗次，慈壽塔遙遙在望，它是鎮江的地標，登高望遠的好地方。

寺在濤濤江水的揚子江畔，跨進山門，四大金剛分列兩旁，彌勒佛笑迎，寶殿內十八羅漢金碧輝煌。從樓閣亭台蜿蜒繞過幾彎下去，有法海洞、白龍洞，腳下浪濤拍岸，四望江天一色。

隔了那麼多年再來，寶殿一座增一座，經閣挨挨又擠擠，亭台長廊延伸又延伸，建築物把原有空間包覆得視野全被擋，只有登塔才能見到四面江水、一片浪濤了。

寺院外側，開在各式土產店，鎮江以肴肉、香醋、醬瓜和三刀聞名，各美味的肴肉太空包裝，香醋醇而純，醬瓜以螺旋形的寶塔菜最稀珍，我們挑了些物美價廉的肴肉、香醋和剪刀，準備帶回上海。

揚州離鎮江只一水之隔，以前有渡輪，現在早有公路相接，我們就在揚州進餐，干絲、肴肉、扁魚、紅燒肉和一大碗獅子頭，都覺特別可口，而芹菜、生菜、瓜碟、醬菜也是滋味清甜，或許是肚子餓了，第一頓的揚州菜，比預期中的團體餐好吃。

揚州瘦西湖，僅西湖面積四分之一，但它瘦而俊，小而美，雖沒古時乾隆盛世的繁榮，卻仍然是個重要水產品與手工藝之鄉，更是美食之都，就以干絲來說，將豆腐乾切得細如絲、輕如髮，與火腿、香菇、冬筍和老雞湯煨煮，便成經典佳餚。

抵達瘦西湖，細雨霏霏，隨風撲面，二十四橋長堤垂柳飄拂，綠蔭迷濛，季節雖已不是煙花三月的瓊花盛開時，但揚州有「廣玉蘭」樹種，色如象牙白，花開正盛，可與有名的瓊花相媲美。

幾個人合租了一艘船，在瘦西湖面盪漾，岸上的詩社、古園、亭橋樓閣和竹蔭曲徑，一一在彎曲迤邐的湖上晃過眼前，充滿風雅詩情。

那天我們住宿的旅館，庭園到處開滿了「廣玉蘭」，花苞仿若荷苞，綻放大如拳，花似雪，瑩如玉。尤當清晨綴滿露珠，真是美極了。

翌晨坐車到城內一家老茶樓吃早點，揚州早茶向盛名，我們一行落座後，對早茶的選擇就商量半天，套餐、簡餐、單點、全點……結果決家每人廿元吃套餐。一下子，三丁包、小籠包、千層糕、水晶糕、甜燒餅、鹹酥餅、干絲、肴肉、小菜、鹹菜擺滿一桌。

吃著吃著，一個挑扁擔的菜販，行過楊柳岸，來到市裏賣，一葉畫舫搖進護城河水道，徐徐盪過茶樓古窗前，雀鳥在柳條兒上跳躍，揚州之晨，宛如畫幅。

回上海休息兩天，又參加旅行社的蘇州、周莊二日遊，蘇州與姪輩見面，聚過餐，住宿一宵，便往周莊。

周莊古鎮，離蘇州一個多小時便到，大門口有個以江南園林爲主體的建築迎迓，又爲大家攝影肖像鑲入遊園券作紀念。再駛入鬧區，下車徒步到小橋流水人家去攬幽。這時，街上車輛塞滿滿，遊客洶湧，真把這個小鎮塞爆了。

鎮上有兩戶百年前發跡的首富，他們的宅第便成周莊的觀光遺產。七、八道進深的花廳後堂，眾人在台階門檻間跨進跨出，古像古畫前，導遊們口述歷史說的頭頭是道。祇是大宅再寬廣進深，也容納不下這許多的遊客，一個個熱得冒出了汗。

索性，我不再踏入宅院，留在閭前河街，獨自欣賞水巷河埠，粉牆老瓦。原本，我就生在水鄉，來最重要的是舊時光的重溫，水鄉的尋根呵。

家鄉地名雖與這兒不同，卻是一樣的傍水而居，一式的窗花格櫺房，同飲運河水、同沐舊文化，共有古時物、古時景……正沉醉在童年的橋，窄直的街，領隊在那招手要歸隊，去逛老街了。

老街店鋪擺著許多鄉土糕點，印花布對襟衣、虎頭鞋，也有不少小古董。周莊的「萬三酥蹄」是風味名產，烹製得紅艷艷、晶亮亮。玲瓏有致的排擺在透明窗櫥內，望去好像一堆藝術品。

返回上海後，有一晚在那兒工作的外甥，開車接我們去遊夜上海。他說，上海的繁榮，不是一年一變，而是日日在變，三年又一大變。常聽朋友們感嘆說：「台北一點沒變，沒建設、沒進步，看看人家上海……，無論在人文、經濟上的種種進步，連繪製的上海版地圖，或是增訂的旅遊指南，也來不及與他的快速同步而行。」

開上高架橋，外甥又指向下面，「最美的外灘夜景，就從這兒起……」看哪，滿眼的璀璨燈光，炫目得金碧生輝，開車的人全都慢手慢腳，牛步緩行。往下望去，右邊是燈火閃爍的東方明珠電視塔，前面是外灘公園鑲綴樹群的華彩繽紛，再是新浦東滿目的高樓霓虹，而一端，就是經歷了百年滄桑那巴洛克式，文藝復興式的老建築群。那一剎，左看右看，遠眺近觀，到處是浮雕般矗立的建築物，四望是鋪天蓋地的燈海燈影。而車道車流如矢如砥，車頭車尾燈串連成一條條火龍，這一刻，恍若墜入了夢的城堡。

下了橋，外甥又說，外灘將有一個破天荒創新計劃，那就是：把這兒全部的地上物，連同道路，原封不動地抓高提升，中層的海水排清抽乾，海平面開築地下城，這樣，外灘地區無形中擴展了兩倍。

哎呀，這真係愚公移山，真箇是翻天翻地的超強工程。

准海路、徐匯路一帶的老梧桐，依然綠蔭成排，綿延不絕，它們都是思源懷舊老上海的根。而十里洋場新建築內，設計時尚驚異，櫥頂尖時髦，那又是奔放前衛的新銳產物。

石庫門舊城區改造的「新天地」，是人氣最旺的娛樂休閒地，集酒吧、商店、音樂廳、俱樂部、蠋光餐廳、露天咖啡於一身。旅人遊客、明星藝人、追星族、上班族……最愛到此一遊。

我們註足的那一晚亦不例外，中外觀光團人影幢幢，露天茶座燭影內爍，一片歌舞昇平，一片聲影笑語，這兒是上海的蘭桂坊。

這回的江南短線遊，那趟的夜上海掠影，且追記敍述，算做紀念，莫待日子久了，失智症來了，記憶完全喪失時……。

民國九十七年二月青年日報副刊

附錄

悠悠傳唱歷史之歌・專訪芯心女士

莊宜文（現爲中央大學中文系副教授）

無論是戰亂時期的顛沛流離，
或在台初期的艱困生活，
芯心透過溫馨雅致的散文，
記載一則則動人的故事。

走進甫開張的台大誠品，清明簡淨的空間設計還盪漾著早晨的清新氣息。通往二樓咖啡座的樓梯，迎面偌大的壁鐘尙未指向十點，在樓梯旋轉處一旋身，我見著了芯心。她迎立落地窗畔，陽光照在花白的髮上，勾勒出溫煦臉龐的側面，就在她轉頭面向我的時候，臉上漾開了暖如和風的笑容。

想像中她是一位沉默嫻靜的長者，在中副發表的第一篇散文〈木頭人〉中，描述自己從小木訥寡言，見了人總怕打招乎，更遑論閒談聊天，所以自小給取了「木頭人」的綽號。儘管在文字的國度中與她幾度相見，不時感受到背後蘊含的溫情，我想和這樣一位習以散文抒情的作者晤面，彼此只能在靜默氛圍中不斷微笑頷首吧！然而當她親切微笑向我招呼，先前的惴惴不安就在瞬間消散。

戰爭是生命的啓蒙

芯心的家鄉在浙江吳興，祖父的南貨店經營得有聲有色，店堂門前兩旁河道柳葉翩翩，來往舟楫不斷，店裡總充斥著享用不盡的甜食零嘴兒。幼時缺少玩伴，母親在繁忙的家務中抽空畫圖剪紙爲女兒解悶，她好奇父親從商城市的模樣，不識字的母親便說一句，讓姊姊記一句，寫信給丈夫相詢，而後透過回信揣摩遠方城市的模樣，繪製成生動的圖畫給女兒看。她在圖畫的世界中沉思幻想，自幼便養成喜歡靜觀自然的性情。六歲時隨父母遷移到第二故鄉江蘇常州，在物產豐隆、水道縱橫的商業城度過一段無憂的太平歲月。

對老一輩的遷台作家而言，戰爭就是他們生命的啓蒙。

民國二十六年，她不過小學六年級，美好的童年卻被戰火粉碎。一年初秋突見大批螞蟻排著長龍向河邊湧動，公雞驚飛，鳥群撲翅，野狗哀鳴，正是「大難將至，禽獸先知」，不久蘆溝橋戰爭便爆發了，城裡籠罩在一片愁雲慘霧中，他們隨著滿坑滿谷的人群逃難，來到了浦口姑姑家，父親趕回常州處理店務，一去失了音訊，在炮火聲中他們再度流離他方，念子心切的祖母焦急成疾，在日本軍襲擊村子的夜晚驚逝。他們在偏遠山區渡過好長一段慘澹歲月，直到抗戰勝利，回到破敗的家園，見著憔悴蒼老的父親。

「抗戰的折磨、生活的窘迫、童年的追撫……這種種環境的因素，似乎注定了我在炮火中成長的那一代的憂鬱性格。」她想，「總有一天，我要寫出我飽受的滄桑」。

在不安定的環境裡斷續接受中學教育，劫難甫去，好不容易找到了工作，穿著母親節省下家用請裁縫特製的駱駝絨袍子，在南京軍事機關服務，兼任軍事畫報社記者，期間曾採訪名流良將，報導軍事災變。對於從小便喜愛塗鴉的芯心而言，這段工作經驗給予她鍛練文字的機會。

太平歲月並沒有隨抗戰結束而來臨。二十五歲那一年她成爲軍人妻，不久局勢便起了重大的變化，外強侵略剛歇，內部政爭愈熾，徐蚌會戰失利，人們在風雨欲來的南京城內觀望瞬息萬變的時局。三十八年年初，一日丈夫接獲指令，當天就要隨護決定引退的蔣委員長到奉化溪口，新婚不多久，面對這毫無預警的離別，她惶然不知所措，在四十年前的日記中記載著：

門首分別，不知聚首在何年？

心亂如麻，挨到傍晚，又見勤務兵來，要我到官邸一晤。黃埔路官邸我從沒進去過，在黑暗中他喚著我名在迎接，分辨不出彼此的臉，兩顆心沐在淚水中。

他們奉命晚八點才出發，我送他到車站，再隨空車回來，官邸燈影黯淡，人去樓空。

敬愛的總統已踏上歸鄉之途，相依的丈夫也踏上離京之途，漆黑的夜色中獨自摸索回家，淚水像決了口的河堤。

小屋附近的鄰居多半已遷出，我和母親幼兒三人，不知怎樣迎向明天的風暴。

和談破裂，粉碎人們最後一絲希望，她懷抱尚在襁褓中的嬰孩，攜帶母親，依隨丈夫在紛亂的逃難人群中來到台灣—這汪汪太平洋上的小島，沒想到原以爲短期的居所，竟成了後半生安頓的家園。

在生活中發掘最深湛的哲理

大難遷徙，漂洋來台，從基隆港碼頭上岸，沿途所見淨是青翠滿目的田埂，處處是黃澄澄肥碩的香蕉，而後他們落戶梧棲，在風砂飛揚的濱海小鎮裡，日見養蚵人家剟殼取肉，村婦們拎著蚌蛤和軍眷交換衣物，成爲日常清簡菜肴額外的鮮味。半年後遷往台中市區，又陸續搬到台北縣市幾落眷村。

來台後丈夫長年在外地戍守，芯心成爲全職的家庭主婦，照撫一家衣食，每日在早晨理家，下午冥思寫稿—「我就是這小小的王國，把絢爛的夢境鋪張」，「讓自己站在生活的頂點，去發掘最深湛的生活哲理」。她將日常瑣事信手拈來，鋪序成溫馨小品文，最早投稿到軍中刊物，如《革命軍》、《國魂》、《新文藝》等，民國六十一年後，曾在中央日報家庭版的『家常話』、大華晚報的『燈下漫談』等專欄寫方塊文，不時針對社會現象抒發見解。還曾因撰文提出高工生的出路問題，獲當時教育部長羅雲平的重視，翌年便成立了國立工業技術學院。

「我之所以甘願周旋於爐灶旁的書桌，也無非爲了興趣，和排遣煩悶，其心情與下圍棋玩橋牌相去無幾。」這看似漫不經意的興趣和習慣，經年累月下來，卻累積了極其可觀的成績。隨著孩子一個個長大，陸續在報章發表的散文，累累結集成冊。歲月像加速旋轉的放映機，一晃眼五個子女各自成家立業，孫輩縈膝，獨居的生活裡她依然寫作不輟。曾是家庭主婦、將軍夫人，現在已成爲祖母作家。她將大半生都奉獻給兒女，將自幼受到母親的恩澤，綿延傳遞給下一代。散文中處處可見對子女的慈愛關懷，從幼時的細心呵護，即長仍茲茲惦念，女兒們出嫁時各寫了三篇〈吾女于歸〉，描寫陪著愛女裁婚紗，精心烹調在家最後的一道晚餐的心緒，關愛不捨之情令人動容。

散文風格溫馨雅致，喜在困頓生活中拾掇人世溫情，篤信宗教的樂觀心靈一直充滿希望和感念。無論是戰亂時期的顛沛流離，或在台初期的艱困生活，透過一則則小品文記載下動人的故事：

〈蘇州中醫〉寫幼時和家人乘船離開老家遷往常州，在途中生病高燒，巧遇岸邊擣衣婦人，領到家中治病，非但不收診療費，還贈了好些藥物，然而匆匆來去也沒弄清楚門牌地址，日後唯有在心中常懷感念。在抗戰兵慌馬亂的時期逃到山區，過著慘澹惶亂的日子，一日在雪地裡突遇陌生年輕大漢，關懷問候，她談起逃難的景況，也不知今夕是何夕，大漢便從口袋裡拿出了農曆相贈，小姑娘又驚又喜，羞於道聲謝便轉身往屋裡跑，此後卻是緣慳一面，而這本農民曆便陪她度過一段山中無甲子的歲月，這便是短文〈一本難忘的農民曆〉的始末。來台後居住在簡陋的眷舍，颱風夜裡海水倒灌，芳鄰喚他們上隔壁閣樓，夜裡沖泡生力麵充飢，孩子們每人分食一小碗後在睏倦中睡去，丈夫長年在外，三位主婦平日難得相聚，秉燭促膝長談而忘卻外面的風風雨雨，多年後孩子們最懷念的，還是那一碗熱滾滾的生力麵，短短數百字寫的〈閣樓上的颱風夜〉，為數十年前的台灣生活留下生動的翦影。

隨處捕捉剎那的畫面

除了故鄉往事和日常生活，旅遊見聞也是芯心寫作的主要題材，她習於隨時隨地記下所見所感，為片刻留下永恆的姿影，留待來日回味：

要是不將潑散的銀輝浪沫，用心靈的鏡頭捕捉剎那的畫面，就像微風輕拂琴弦，落英化作春泥，一去遠渺，永不留痕。唯有動用鏡頭，調光留影，才能將它的千態萬姿化為永恆，時而見到浪沫湧、青苔綠。

近年來文壇風行旅遊寫作，而早在十年之前芯心便累積了豐碩的成果，從環島之行到海外旅遊，乃至於開放探親後的大陸遊，累計洋洋數十萬字的旅遊散記。早在港、日、韓等地留下遊蹤，七十九年俄國、東歐共產體制剛剛解體，和一群文友韓濤、蓉子、洛夫、向明等參加太平洋文化基金會首次舉辦的文化訪問活動，回來後發表的旅遊記事獲得不少迴響。她喜歡藉旅遊開拓視野，足跡遍佈歐、美、加、澳等地，一顆細膩感懷的心，隨處捕捉下當地人情風貌，爲原本典雅樸實的文風注入生動活潑的筆調。

自開放探親的次年，一枝健筆便投入「還鄉文學」的寫作。看似平實的散文記事，卻是彌足珍貴的文獻資料，切身經驗的陳述爲歷史留下深刻的履痕。初次返鄉，隨旅行團到蘇州會見離散多年的大哥。三十八年大陸變色，大哥趕到南京送行，那黯然揮別的身影清晰如昨，相隔竟已四十年。從正值青年到皓首老年，不知是夢非夢，匆匆聚首有道不盡的情思，令人喟嘆的是好不容易兄妹團聚，短短兩次探親，第三回再去卻只能趕上胞兄逝世百日的祭拜，徒嘆造化弄人。

對於過往有著深深的眷戀，於是今昔的對照交錯成爲芯心散文的一大特色。慣有的抒懷模式，在不經意間爲歷史留下見證。多年前的離鄉背井，造就一生尋根的渴望。不論是身在何處，無處不是故園情。常州的楊柳千千、荷塘處處、渾圓碩大的馬菱瓜、甜滋滋的糖炒栗子，故鄉的物產景致魂縈夢牽。

來台四十年，從竹籬田埂寫到公寓生活，無論是切身經驗或所見所聞，一篇篇文章組成一個個音符，悠悠傳唱著一甲子的歌謠。

燭光燃起亮光，照見溫馨

在敘述過往的日子時，她不時微瞇著眼望向遠方。挑高的二樓落地窗外，天藍而清明，遠處木棉花迎向春光綻開，底下是穿梭不息的車流。經歷過數十個寒暑，無數明媚的春光和凜冽的冬風，唯有文字記載的片段，篇篇蕞綴連成歷史的縮影。

展讀過往的足跡，如同她所比喻的林中落葉，仰頭尋覓，片片可追溯回它的母體，唯願「秋葉墜地與泥同朽，但願文字著書與日同在，以紀念我渡完七十四個生命歷程的再次留痕」。

「爲什麼筆名取作芯心呢？」結束訪談之前，想起差一點被遺忘的問題，「芯，是取燭芯燃燒起的光亮之意，心，則爲表崇敬和紀念我喜愛的作家冰心。」筆名統攝了作家的風格，平實中照見溫馨。言談中她再三肯定後輩作家的成績，認爲他們文筆優美，想像力豐富。然而敦厚樸實、耐人咀嚼的獨特韻味，卻是前輩作家所獨具的吧！

正午結束訪談，陪同芯心一道走向公館，原欲等她坐上返家的公車，她卻堅持要我先行離開，臨別前輕握住我的手。透過慈藹溫厚的掌心，我感受到的不僅是人如其文的溫潤雅意，更是前輩作家人品風範的流露。

民國八十五年五月文訊雜誌文藝春秋訪問資深作家

上圖：一本本作品，記錄着芯心女士走過七十多個生命歷程的足跡
下圖：專訪芯心女士（攝影 鄧惠文）

話舊、記遊

民國四十四年，女作家創立的台灣省婦女寫作協會，是台灣最早的一個女性文藝團體，是女作家們一手開闢的文藝園地，撐起了台灣文學的一片天。他的宗旨是：開啓心靈，美化人生。

我是民國四十三年搬到台北，其間曾在照顧兒女和忙碌家務之餘，爲軍中刊物寫稿，從軍中刊物的方塊短章，到軍中報刊的散文小品，後來向上提升，試投大報中央、大華等婦女版寫專欄方塊，同時也僥倖登過中央副刊的幾篇散文。在默默耕耘中，一如井底之蛙。抬頭望，才發現外面的文藝園地，早已紅花綠葉，一片榮景了。

左起：劉慕沙、、芯心、丁洐、季季。

民國五十四年四月八日，有幸參加國軍新文藝運動委員會邀請的第一屆國軍文藝大會，見到讀過文章，卻未能見到過面的男女作家，如王琰如、繁露、劉慕沙、王明書、郭晉秀、嚴友梅、陳克環、胡宗智、王支洪、田原、尼洛、朱西寧、司馬中原、林佛兒……。

其中王琰如，她是婦女寫作協會總幹事，人熱忱親切，開完兩天文藝大會，便邀請我加入該會，當時會員們早有張明、張秀亞、張雪茵、潘錦端、葉蟬貞等文藝工作者和名作家，都是婦協的重要人物。

王琰如總幹事，對我有份特別的好感，因爲我自小遷居常州，在那兒讀的書，而她就是常州人，因爲這層關係，對我愛護有加，並介紹另一位常州同鄉跟我認識，她就是擔任過嘉義女中校長的余宗玲，他鄉遇故舊，有份鄉誼情。

琰如姐熱心推動文藝，吸收了很多熱愛文學的同好入會，常舉辦郊遊及文友慶生會活動，藉以聯繫彼此的交誼機會。只是她自己卻有一件重大心事，那就是：她的愛女身陷家鄉，未能及時出來，帶來台灣的小外孫沒有媽媽照顧，誠爲一大憾事。

當時外子任職國防部總政戰部，琰如姐請託協助幫忙，想把女兒接到台灣。在那個年代，鐵幕重重重如山，銅牆鐵壁穿不透，除了介紹一位香港友人，間接先通訊息，其他難以找到管道可行。

琰如思女心切，母愛的偉大化爲一股神聖力量，用盡工夫試探摸索，千辛萬苦持續奔走，皇天不負苦心人，終於逕由某個私人祕道，輾轉引入香港，費盡周折接回台灣，母女重逢，全家團圓，這是她最慶幸的一件喜事。

後來她隨派駐海外的夫婿，到利比亞躭了數年，在那兒，曾爲中東局勢惡化而担心發愁，又與以埃的六日戰爭擦身而過，政變時期，琰如姐一家人結束海外工作，平安回到台灣。

回來一年，曾忠實地報導了異地的風土人情和北非的生活見聞，以及傳授家鄉美味的家居記事，寫成一本《我在利比亞》，三民書局出版，銷路很好。

早年婦協開年會，我一個人在會場靜默獨坐，一位優雅的女士朝我走來，在對座椅上坐下，看一眼我名牌，笑笑說：上幾天看到晨鐘版有妳文章，寫得好美！

呵，他就是張秀亞，是我心儀已久的名作家，不禁受寵若驚，也感謝他細察入微的一份善意。

她提的那篇文章，也與琰如姐有關，在一次見面中，琰如對我說，蓉子有本新書《歐遊手記》，寫得很好，我最近太忙，無法寫文推介，我把書寄妳，代我寫篇文章好嗎？

過幾天收到書，看完寫了篇「清芬滿心懷」投到中央日報晨鐘版，後來，這本書又由純文學出版社重新出版，竟又收到轉載的另一次稿費。

那年婦協主辦兩天一夜的春遊，餐廳的團體餐，不外是魚肉蔬果多種菜，當天晚餐，菜式沒什麼改變。住關島回台與我們同桌的繁露笑著說，就連這盤魚，中午頭尾方向反放，晚上頭尾方向還是反轉放，姿勢一個樣兒……。

她的風趣讓我們都笑了起來，這頓飯吃得溫暖有趣，可惜她久居國外，以後好像再也沒回來過。

劉枋任總幹事時，他氣概豪爽，說話中肯，很有行動力，出的選集最多，有次王明書要我陪他造訪劉枋，明書有本新書想請婦女寫作協會替她出版。不久，她的新書出來，可見劉枋的熱心爽快。

還有一年開年會，我與致力兒童文學的嚴友梅坐得近，她展眉一顧，問道：最近有否出去玩？我說去玩過一趟草嶺！

過後文友好意提醒，她意思是有否出國玩？是這樣的哦，這才意識到，出國探兒女，國外去旅遊是時尚，我怎那麼土！

三、四十年前的台灣省婦女寫作協會，真的老幹新枝，濟濟一堂，結識了許多真摯益友，如：情誼深厚的畢璞，性情溫文的匡若霞，熱忱坦率的王明書，開朗熱情的鮑曉暉，多才多藝的鍾麗珠，我們這六人，是時常在一起聚會的六祖母，持續長達十餘年。

另外，還有心若明鏡的陸白烈，文筆精采的侯楨，老了更相知相投的姚宜瑛，以及女詩人蓉子，爽朗的楊以琳，旅美的唐潤鈿，都是數十年如一日的老朋友。

如今，儘管開創婦協的元老，半數已凋零，少數老作家定居海外，不能爲這女性團體貢獻心力，但無數中堅份子的努力不懈已成中流砥柱，薪火相傳，生生不息。

婦協每年都會舉辦一次春遊及秋旅，從山隈到水涯，從農村到林場，從古鎮到客庄，大多遊罷，就會寫出一篇文章，可惜也有不少次沒留過文字，日久全都忘光。在這兒，僅將記載過的婦協活動，細數如下：

民國五十九年四月，全體會員到榮星花園郊遊，那時大家還不太熟悉，王琰如大略介紹一下，這是張秀亞、王文漪、這是張明、潘琦君，她是張漱菡、張裘麗……，而見到了女作家的盧山真面目。

那天與劉慕沙、季季、丁洐，坐在一起拍了張照，小圓桌放著野餐，季季抱著的小男孩好可愛。

民國六十三年四月底，文協與婦協合辦「作家一號」參訪高速公路台北、水尾交流道的施工情形，陳紀瀅先生當領隊，由高速公路工程局胡局長陪同。團員有楊百元、劉枋、王文漪、芯心、小民等，回來寫了篇「參觀高速公路」登在中央副刊。

民國六十七年五月到花園新城去玩，順便探訪杏林子，她才情洋溢，不幸患了類風濕性關節炎，我們在她家客廳合照了一張照片，圍著她相談甚歡。離開花園新城前，數十個會員排立在一階一階石蹬合攝了一張團體照。

民國七十一年十月，到桃園觀音鄉崙坪村參觀推行「吾愛吾鄉」運動成果，並到永豐公司看他們製作便當的作業程序，銷售對象是高速公路泰安服務站，和西螺休息站南往北來的旅客們。

次年五月的年會，是在報業廣場十二樓新生報社會議室舉行，座談主題是「文藝與生活」，琦君發言：女性生活離不開家務，將鍋鏟瓢勺當音樂，魚蛋青蔬當圖畫，煙塵中也有文藝之美。張明強調生活藝術化，藝術生活化。楊百元針對文藝工作者對社會的責任感，她說我們應率先領頭愛用國貨，宣揚三民主義救中國的重要使命。（正值中美斷交）

民國七十三年三月是最有意義的一次郊遊，那是八十三歲的蘇雪林南下隨團旅行，參觀石門水庫和慈湖謁靈，與前輩作家共座共飲共遊真是有福，想到收在國文讀本裡的「收穫」，在那個葡萄收獲季，在法國鄉間採擷的人，就坐在我的前座，真是無比榮幸，回來寫了篇「與蘇先生一日遊」投寄中副。

民國七十四年的一次秋季旅行，到清境農場二天一夜，那晚，與龔書綿、呂青、畢璞、王保珍、匡若霞、余玉英等八個人同住一室，大家感到特別開心。

翌年婦協舉辦老街之遊，看看閩南建築、巴洛克風味與羅馬列柱的湖口古屋。佇立凝視那短街上一頭一尾的一座古廟與一個天主教老教堂，宗教融合的街頭奇觀。又去品嚐客家傳統的豆漿和美味豆干。

民國八十一年七月，往中南部參觀糖廠，糖廠已銷售副產品如靈芝、蔗汁及多樣性罐頭，並培育大量的蝴蝶蘭，歸時送每位團員兩盆花，一車滿載蘭花香。

八十九年四月，婦協辦烏來遊，上午泡溫泉，下午看信義新瀑，路正施工，天又落雨，走得乏力的一半會友，半途折返，在茶館避雨聊天。

民國九十三年十二月三日，往宜蘭參訪傳統藝術中心，適逢難得一見的冬颱，風雨故人來，風雨同舟歸。這是婦協舉辦活動以來，第一次遇見的壞天氣。

民國九十四年四月十四日，到文山茶園。

民國九十八年五月，有大溪、後慈湖、三坑子之遊……。

時光逝者如斯，與婦協的互動，一點一滴，深藏我心，加入婦協，已長達年歲一半的生命史。

長江後浪推前浪，一代新人換舊人，欣逢婦協創立五十五周年的今天，祝福她永遠年輕、支脈相連、榮華綿延……。

刊於民國一〇一年六月文訊雜誌

百年百語

生命如飛鳥，
渡越歲月重洋，
飛翔、飛翔……
前三十年，朗朗日月、展翅、鼓翼、鳴囀、遨翔。
又三十年，天開地寬、漫飛、覓食、築巢、養育。
後三十年，落日將斜、人垂垂老，倦鳥問歸期。

百年一簪，藝文特展，文訊雜誌社專刊
民國一百年十月